ROMANS

COLLECTION HETZEL.

LA
LOUVE

par

PAUL FÉVAL.

IV

Édition autorisée pour la Belgique et l'étranger,
interdite pour la France.

COLLECTION·HETZEL

BRUXELLES,

OFFICE DE PUBLICITÉ,

Montagne de la Cour, 59.

1857

VOYAGES

HISTOIRE

POÉSIES

LA LOUVE.

BRUXELLES. — TYP. DE J. VANBUGGENHOUDT,
Rue de Schaerbeek, 12.

COLLECTION HETZEL.

LA LOUVE

PAUL FEVAL.

IV

Edition autorisée pour la Belgique et l'Étranger.
interdite pour la France.

BRUXELLES.

OFFICE DE PUBLICITE.

Montagne de la Cour, 52

1857

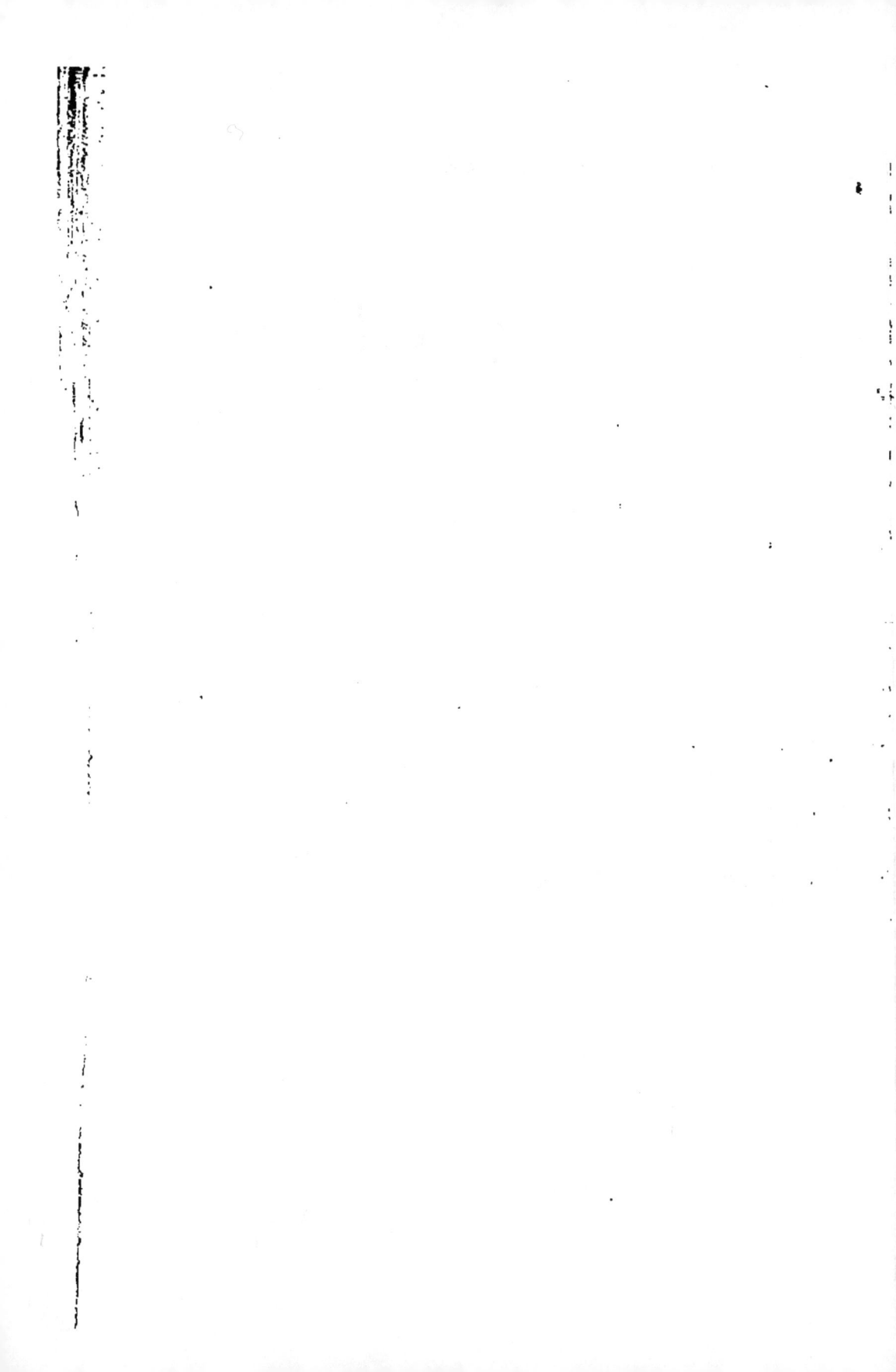

TROISIÈME PARTIE.

—

LA COMTESSE ISAURE.

(SUITE.)

VII

— Changement à vue. —

Ce fut un spectacle étrange et comme il n'est
pas donné souvent à un écrivain d'en pouvoir
peindre. Par toutes les portes, par toutes les
fenêtres à la fois, ce flot noir et grouillant avait
envahi la salle. Tout ce que contenait le présidial à cette heure eût pu être fait prisonnier sans
résistance, car les grandes clameurs qu'on entendait au dehors prouvaient que l'armée des Loups
tenait les issues.

Mais ces pauvres gens, ébahis de leur propre
victoire et timides d'abord en face de ces splen-

deurs, n'essayèrent point de retenir ces captifs dont la rançon eût valu la province de Bretagne. Parmi les gentilshommes qui étaient là, certains d'ailleurs semblaient avoir autorité sur les envahisseurs.

Dans leur nombre, il nous faut compter M. de Rieux.

Comment et pourquoi?

En ce temps, nous le répétons, le meilleur ami d'un homme ne pouvait jamais savoir au juste où il était, où il allait.

Tout au plus d'où il venait.

De Rieux était un Breton, un brave homme et un homme d'esprit, voilà tout ce qu'on peut dire.

Ajoutons que son pommeau d'épée avait laissé sur le visage de Yaumi, le joli sabotier, chef putatif des Loups, une profonde et sanglante empreinte, et que Yaumi n'avait soufflé mot.

C'était peut-être un Loup que ce gai M. de Rieux, lieutenant-colonel du régiment de Conti.

Ce qui est certain, c'est qu'en voyant son attitude, Polduc et Feydeau n'osèrent point se montrer méchants.

Martin Blas, au contraire, avait dit :

— Je veux pour ma part la comtesse de Toulouse et cette jeune fille.

Rieux, toujours de bonne humeur, avait répondu :

— La comtesse de Toulouse, non ; mais la fillette, Dieu vous l'a donnée avant nous, ami Morvan.

Et, s'avançant vers lui, Rieux lui secoua la main d'un air goguenard.

— Palsambleu ! ajouta-t-il, vous avez fièrement bruni depuis quinze ans ! Sans votre accent du pays de Carentoir, que vous n'avez point perdu, mon ancien compagnon, du diable si je vous aurais reconnu !

Grâce à de Rieux et à quelques autres, on n'insulta point les hôtes du gouvernement. Par exemple, chacun fut obligé de laisser quelque chose entre les mains des vainqueurs et pas une dame n'emporta sa parure complète.

Bientôt, sous ces flots de lumières que renvoyaient toujours les grandes glaces et l'or des hautes moulures, tout fut sombre, tout fut noir. Au lieu de ces toilettes brillantes qui tout à l'heure encombraient la fête, au lieu de cette étincelante cohue qui chatoyait de soie, de diamants et de fleurs, les feux des lustres et des girandoles s'absorbaient dans le pelage terne des grossières fourrures qui formaient le vêtement des Loups.

La foule augmentait, du reste, d'instant en
instant. Chacun voulait voir, et le gros de l'armée était toujours dehors. Tandis que les vrais
conviés de cette fête s'esquivaient par la rue de
l'Horloge, les Loups montaient toujours.

Et chaque nouveau venu, en entrant dans
cette sphère rayonnante, était pris des mêmes
éblouissements.

Si on les eût attaqués en ce lieu, ils ne se
seraient point défendus.

On les voyait tous, tant qu'ils étaient, étonnés
et comme engourdis par un choc. La plupart ne
bougeaient point ; d'autres se démenaient comme
si le parquet leur eût brûlé la plante des pieds.

Ceux qui avaient exigé rançon des fuyards
dans les couloirs ou dans les escaliers ne se tar-
guaient point de leurs trophées. Au contraire,
ils les cachaient soigneusement sous leurs peaux
de bique. Évidemment, en ce lieu inconnu et
redouté, ils avaient crainte qu'un vengeur ne
sortît de terre.

Pendant quelques minutes tout au plus, on vit
le satin, les dentelles et les pierreries mêlés aux
lourds haillons des révoltés de la forêt. Peu à
peu, la dernière dame, escortée du dernier gentilhomme, passa le seuil de la porte basse qui
donnait sur la rue de l'Horloge. Achille-Musée

Feydeau et M. le sénéchal sortirent comme les autres, pour ne se point compromettre absolument, et pour servir d'escorte à mademoiselle Olympe et à mademoiselle Agnès, qui cherchaient un lieu convenable pour s'évanouir avec effet.

En sortant un des derniers, l'épée à la main et tête haute, le maréchal de Montesquiou dit :

— Si je commandais encore la province, je ferais danser ces coquins sans violons !

Peut-être l'eût-il fait comme il le disait, quoique les paysans du pays de Rennes lui eussent prouvé une fois, sous le bon bourg de Pacé, en lui tuant cent cinquante hommes du régiment de la Ferté, qu'ils n'étaient point si maniables.

Car il y avait des batailles et le sang coulait abondamment. L'idée révolutionnaire n'était pourtant née dans aucun cerveau, surtout là-bas ; mais on peut dire que c'était bien déjà la révolution, ignorante d'elle-même, qui essayait ses premiers ferments à l'aveugle.

En sortant du présidial, presque tous les gentilshommes avaient un sourire sous la moustache. On les chassait ; mais, s'ils étaient battus, c'était sur le dos de la France.

Ils étaient un peu comme ces pères faibles qui s'amusent quand même aux plus terribles espiègleries de leurs enfants. Ces fantastiques vainqueurs de la vice-royauté française, c'étaient des Bretons.

À part même ceux qui, secrètement, étaient *entrés* ou voulaient *entrer dans la forêt,* la plupart se réjouissaient de ce soufflet donné en plein visage de la conquête.

La ville était prise bel et bien. Chacun savait que les casernes étaient barricadées en dehors, ainsi que les hôtels Saint-Georges et de Pesée, où étaient les quartiers des cadets. Le collége militaire de Kergus était gardé.

Le poste des chasseurs de Conti avait été fait prisonnier en dehors des portes Mordelaises; en dedans, les soldats de l'intendance avaient mis bas les armes.

Les coups de feu qu'on avait entendus avaient été tirés en l'air, disait-on, par les gardes à pied de la sénéchaussée.

C'était une victoire, mais c'était aussi une trahison.

De toute la noble assemblée qui tout à l'heure emplissait la grande salle du présidial, il ne resta plus bientôt que deux hommes et deux femmes : la comtesse Isaure et M. de Rieux, d'un côté; de l'autre, don Martin Blas et la pauvre petite Céleste, qui se mourait de peur...

La comtesse Isaure avait remis son masque.

Un Loup que sa haute taille distinguait de ses compagnons s'approcha d'elle.

— Que le palais de monseigneur soit à l'abri de toute attaque, lui dit-elle à voix basse. Laisse les aides et les gabelles à Yaumi... Que Jouachin se charge de la prison avec une troupe de vassaux de Rohan... Voici la liste des prisonniers à délivrer.

Elle lui remit un papier. Le Loup fendit la foule et sortit pour bientôt revenir.

En son absence, on entendit de vives acclamations au dehors.

A un mouvement que fit l'Espagnol prétendu pour se rapprocher de Céleste, M. de Rieux vint se mettre entre eux bonnement.

— On vous dit que vous l'aurez, cette enfant, mon cousin, fit-il en se frottant les mains ; — mais croyez-vous que vos hommes vont rester là les bras croisés ?... Le bal est tiré, morbleu ! il faut le boire !

Puis, d'une voix de tonnerre :

— Holà ! l'orchestre ! s'écria-t-il.

La noire inondation tressaillit, puis oscilla en grondant. — Ce mot grec *orchestre* n'était pas du tout connu des Loups.

A la bonne heure, si M. de Rieux eût évoqué le biniou et la bombarde !

On vit briller les lames de tous les couteaux. Chacun crut que c'était là un appel aux armes.

Mais l'orchestre frappa un accord, et les Loups montrèrent leurs longues dents à pain noir, pour rire, non point pour mordre.

L'orchestre, placé dans une rotonde en galerie, à six ou sept pieds du sol, n'avait pu fuir avec ces messieurs et ces dames. Il s'était vu captif dès l'abord, et les virtuoses dont il se composait, ayant toute autre chose à faire qu'à être braves, s'étaient tapis derrière leurs siéges, espérant n'être point aperçus.

L'ordre de M. de Rieux les fit sortir de leur trou : on vit les violons tout pâles, et les basses de viole, émues jusqu'aux larmes, reprendre leur place et dresser en tremblant leurs instruments.

Un grand éclat de rire fit trembler les vitres du présidial.

C'était la glace qui se rompait. Les Loups jetaient bas du premier coup cette timidité qui accompagne tout début dans le monde. Ils étaient chez eux, on allait bien le voir !

— Allons, signor Fontana, dit M. de Rieux au chef d'orchestre, — une courante, s'il vous plaît... c'est de circonstance !

Le signor Fontana leva son bâton de mesure.

Aussitôt, ce fut dans le salon un trépignement de sabots dont rien ne peut donner une idée. L'orchestre fit de son mieux pour dominer ce tonnerre ; mais quinze cents paires de gros sabots sur un bon parquet de chêne, voilà un instrument puissant !

On se mit en branle. Il n'y avait point de femmes, mais de la gaieté, ah ! de la gaieté !

Sur les trois mille sabots, vous eussiez pu compter hardiment quinze cents galoches de charbonniers. Je vous laisse à deviner de quelle couleur était le nuage de poussière qui s'éleva.

Martin Blas rabattit son chapeau sur ses yeux ; M. de Rieux mit son mouchoir brodé dans sa bouche. Il riait à faire plaisir.

— Eh ! Josille ! criait le voyageur Julot, qui s'était mis un voile de dentelle sur la tête, je vas te faire comme j'ai vu les duchesses à Paris... qu'elles se balançaient de ci... qu'elles se balançaient de là... Pelo ! prête-moi ton éventail !

Pelo, qui avait une coiffure de roses blanches sur son masque de peau de Loup, prêta son éventail volé.

Le voyageur Julot fit les grâces des duchesses parisiennes. Chacun voulut ajouter quelque chose à sa toilette. Il fut chargé bientôt d'un monceau de rubans, attachés au hasard, de trois

ou quatre mantilles et d'autant d'écharpes.
Trente mains lui attachaient à la fois autour du
corps des plumes, des nœuds de velours et des
guirlandes arrachées aux piliers. On mit autour
de son cou rougeâtre un joli collier de peau de
cygne.

Fier et sérieux, le voyageur Julot vit bien
qu'on voulait lui faire honneur et se conduisit de
façon à ne point démériter la faveur dont il était
l'objet.

Il donna de l'éventail par la face à tous ceux
qui l'entouraient et fit ainsi un large cercle autour de lui. Dans ce cercle, il se mit à danser,
imitant à son gré les princesses de la cour du
régent.

L'orchestre jouait en désespéré.

Les sabots, furieux de joie, faisaient un tapage infernal.

Ceux qui étaient dans le salon criaient pour
manifester l'enthousiasme de leur plaisir.

Ceux qui étaient dehors criaient pour entrer.

C'était une bacchanale effrayante, et jamais ce
bon M. de Rieux ne s'était tant diverti!

Quand l'orchestre épuisé fit trève et que le
nuage de poudre fut un peu dissipé, on put voir
qu'un léger changement s'était opéré dans la
position de nos personnages.

Peut-être cela venait-il purement du hasard.

Céleste était toujours assise sur l'estrade, mais la comtesse Isaure avait pris place à côté d'elle.

M. de Rieux restait isolé au bas des degrés.

Quant à don Martin Blas, la cohue s'était emparée de lui en quelque sorte et le tenait pressé dans l'embrasure d'une des croisées qui donnaient sur la place d'Armes. Il était si parfaitement encadré par cette masse humaine qui l'opprimait de toutes parts, qu'il n'eût même pu faire un mouvement pour dégainer son épée.

La voix de stentor de M. de Rieux s'éleva de nouveau.

— Q'on serve des rafraîchissements ! cria-t-il à la porte de la grande galerie, où quelques valets se montraient tout effarés.

Pour le coup, Julot, le voyageur, n'avait rien pu voir de pareil dans la grande ville de Paris. Dès que les Loups eurent appris le chemin de l'office, il y eut un va-et-vient de plateaux qui bientôt furent dédaignés comme embarrassants. Les Loups apportaient à brassées les bouteilles, les gâteaux, les pâtés, les conserves, enfin tout le matériel qui avait été préparé pour fêter les nobles estomacs de messieurs et de mesdames des états.

On buvait, c'était une bénédiction ! toute bouche avait son goulot, si bien qu'il y eut un silence empli par le joyeux glouglou de tous ces flacons qui étaient en train de se vider.

Les heureux qui avaient trouvé place dans la salle montrèrent leur bon cœur. Des masses de bouteilles et de comestibles furent jetées par les fenêtres à la volée, et l'armée campée sur la place d'Armes eut sa part du festin.

Champagne, bordeaux, chambertin, les Loups purent se vanter d'avoir goûté tout cela une fois dans leur vie.

Puis la danse reprit, échevelée cette fois, car on avait commandé à l'orchestre de jouer la fameuse *ronde du Tabac*.

La farandole commençait au pied de l'estrade et se continuait par le vestibule et les escaliers jusque sur la place d'Armes, qu'elle traversait en hurlant pour replier sa queue jusqu'au perron du salon des états.

La farandole finie, un autre changement s'était opéré dans la salle. La comtesse Isaure et Céleste avaient disparu.

Nous les eussions retrouvées dans la galerie voisine, où Raoul arrivait, les cheveux en désordre, le front couvert de sueur et de sang, et portant à son uniforme déchiré les aiguillettes de capitaine.

Raoul avait sauvé madame la comtesse de Toulouse, et c'était le prince-gouverneur qui lui avait attaché de sa main les insignes de son nouveau grade.

Ce Loup, de grande taille, qui était parti une heure auparavant, portant la liste des prisonniers à délivrer et les ordres de madame Isaure, revint en ce moment. Son masque, qu'il ôta pour étancher la sueur qui inondait ses joues, montra le franc et bon visage de Josselin Guitan.

— Tout est fait, dit-il.

Il était deux heures après minuit. Les Loups avaient fait autre chose que danser, manger et boire.

La prison de la Petite-Motte avait été forcée. Quatorze gentilshommes et un plus grand nombre de gens de roture qui étaient encore détenus pour fait de rébellion, ayant trait à l'affaire de Cellamare, étaient en liberté.

Les rôles de l'impôt avaient été lacérés.

Les coffres de la recette et du contrôle étaient au pillage.

Les aides et les gabelles brûlaient.

L'hôtel de M. le maréchal de Montesquiou était situé rue de Bourbon ; ses derrières donnaient sur la double place qui dégage l'hôtel de ville.

Une vingtaine de gentilshommes s'étaient rassemblés chez le maréchal : tous Français et enragés de leur mésaventure.

Le maréchal proposa de mettre l'épée à la main et de donner au beau milieu de cette canaille. Mais la folie était trop manifeste : vingt contre trois ou quatre mille !

Il y avait là les paysans de trente paroisses.

Les compagnons du maréchal s'en vinrent, au bout d'une heure ou deux, aux fenêtres de la contre-façade, d'où l'on apercevait en plein les salons illuminés du présidial.

La fièvre chaude les prit.

On chargea tout ce que l'on put trouver de mousquets dans la maison du maréchal, et, au moment où les Loups, rassasiés, se mettaient pour la troisième fois en branle au son des violons, une décharge bien dirigée en coucha une douzaine sur le parquet.

Le chapeau de Martin Blas fut percé d'une balle.

— Oh ! oh ! fit de Rieux en présentant tout son corps à une croisée, ce maréchal est un vrai rabat-joie! Éteignez les lustres, commanda-t-il en rentrant.

L'instant d'après, une obscurité profonde avait remplacé les éclatantes clartés de la fête.

Et les Loups, terrifiés, descendaient le grand escalier pêle-mêle.

Don Martin, à demi étouffé, sortit enfin de sa gêne, jurant au dedans de lui-même qu'il prendrait sa revanche.

Dans l'escalier, le joli sabotier lui dit à l'oreille :

— La petite demoiselle sera cette nuit à la Fosse-aux-Loups.

— Il me la faut! répondit l'Espagnol.

Comme il débouchait sur la place d'Armes, il se sentit serrer le bras. La comtesse Isaure était auprès de lui masquée.

— Monsieur de Saint-Mangou, lui dit-elle, je ne vous veux point de mal... vous êtes encore le maître de prendre la fuite... pour cela, je vous donne une heure !

VIII

La Fosse-aux-Loups.

La décharge meurtrière faite par les hôtes de
M. le maréchal de Montesquiou avait été le signal
de la retraite, ou plutôt de la déroute. Les Loups
étaient de durs soldats en campagne ; mais ces
milliers d'yeux que les maisons ouvraient sur les
rues les épouvantaient à juste titre. Chacune de
ces croisées était une large meurtrière, par où la
foudre pouvait tomber sur la cohue.

Les Loups étaient mal armés. Le ban et l'ar-
rière-ban avaient été convoqués pour cette mémo-
rable expédition. La plupart n'avaient pour se

défendre ou pour attaquer que leurs fourches ou des faux emmanchées à revers.

Les mousquets étaient rares.

M. de Montesquiou, dans sa *Relation des troubles de la Bretagne,* affirme qu'avec un régiment on eût fait de tout ce bétail humain un immense holocauste.

Toutes les probabilités sont pour cette opinion.

M. de Montesquiou ajoute que la noblesse bretonne se couvrit de honte en cette occurrence. Ici commence l'erreur. La noblesse bretonne était dans une position encore plus excusable que les princes français et la noblesse du royaume sous la minorité de Louis XIV : la noblesse bretonne se regardait comme indûment conquise ; il y avait encore un patriotisme breton.

Pour éclaircir l'idée par un fait, que diriez-vous d'une ville polonaise qui, de nos jours, jouerait un semblable tour à sa garnison russe ?

Assurément personne ne prononcerait le mot honte.

Sous Louis XV seulement, la Bretagne devint française de cœur.

Et M. de Montesquiou, malgré son incontestable vaillance, fut un de ceux qui contribuèrent le plus à prolonger les haines contre la France.

On ne renouvela point la décharge. La cohue des Loups s'engagea en grondant sourdement dans les rues qui conduisaient au chemin de la Croix-Rouge.

La porte Saint-Georges était libre. La cohue passa.

Elle emmenait des prisonniers ; du moins y avait-il deux gentilshommes qui marchaient au centre d'un groupe et qui ne semblaient point marcher de leur bon gré.

C'étaient M. l'intendant et M. le sénéchal.

— Mes bonnes gens, disait Polduc, est-ce la récompense de tout ce que nous avons fait pour vous ?

Achille-Musée ajoutait, la main sur la poche qui contenait sa boîte d'or :

— Vous nous compromettez à plaisir, mes enfants... Dorénavant, nous ne pourrons plus vous être utiles.

Un grand gaillard qui semblait commander leur escorte répondit :

— Nous faisons selon les ordres de la Louve.

C'était la première fois que ce nom était prononcé depuis le commencement de l'expédition.

Ce nom ne modéra point la frayeur du beau-
père et du gendre.

Au milieu d'un autre groupe, Martin Blas allait
à cheval.

Il avait voulu passer devant le château de la
tour le Bat pour voir si une surprise était possible ; mais les herses étaient levées, et l'on entendait le commandement des officiers dans la cour
intérieure.

Madame de Toulouse était désormais à l'abri
de toute atteinte.

Martin Blas dut le croire.

Mais, à ce moment-là même, voici ce qui se passait au château de la tour le Bat.

La princesse, brisée par l'émotion, venait de ren-
voyer ses femmes.

Elle était agenouillée devant son prie-Dieu,
cherchant, mais en vain, la formule accoutumée
de l'oraison.

L'effroi, la colère, l'abandon prétendu de son
époux lui soulevaient le cœur. Elle ne pouvait
songer qu'à cela.

— Cette femme, se disait-elle, cette misérable
femme !

La chambre de madame de Toulouse donnait
sur une petite galerie suspendue qui faisait balcon dans la chapelle de la tour le Bat. C'était là

que la famille du gouverneur entendait ordinairement la messe.

Comme la princesse était absorbée dans sa rêverie, elle entendit un bruit du côté de la chapelle et leva les yeux en tressaillant; car son corps et son esprit étaient également ébranlés.

Le craquement d'un meuble lui eût donné la chair de poule, exilée qu'elle se sentait dans cet affreux pays de bêtes fauves et de revenants.

Mais, si disposée qu'elle fût à l'épouvante, ce qu'elle vit trompa et dépassa ses appréhensions.

La comtesse Isaure, droite, majestueuse et immobile dans sa fière beauté, était debout devant la porte de l'oratoire.

Qui l'avait introduite en ce lieu? par où avait-elle passé?

Dans son premier mouvement, madame de Toulouse alla jusqu'à redouter un assassinat.

Au milieu de la bagarre, elle avait perdu cette nuit sa rivière de diamants, qui était d'une haute valeur, et, pour elle, d'un prix inestimable, puisque c'était un présent de son bon ami, le petit roi.

La comtesse Isaure tenait cette rivière à la main.

Elle la déposa, sans mot dire, sur la table de nuit de madame de Toulouse.

Puis elle traversa la chambre à pas lents.

La princesse eût voulu appeler du secours ; mais sa voix s'arrêta dans sa gorge.

La comtesse Isaure prit sa main, qu'elle baisa.

—Venez ! murmura-t-elle.

La main de madame de Toulouse était plus glacée que le marbre.

Elle obéit, poussée par je ne sais quelle force magnétique. Les somnambules marchent ainsi qu'elle marcha.

Isaure ouvrit la porte de l'oratoire.

Madame de Toulouse vit qu'une lueur sombre éclairait la chapelle, chose assurément étrange à cette heure de la nuit.

Mais elle vit une chose encore plus étrange. Ce qui produisait cette lueur, c'étaient deux torches de résine qui brûlaient en dedans de la grille de l'autel, aux deux côtés du tabernacle.

Deux hommes, vêtus de peaux de bique, mais démasqués par respect pour le lieu saint, tenaient ces torches élevées, de façon à projeter leur lumière sur le crucifix d'argent qui couronnait le tabernacle.

La comtesse Isaure étendit la main vers ce divin symbole de rédemption.

— Par le Dieu vivant, dit-elle, je suis innocente des accusations que vous avez portées contre moi cette nuit, madame.

— Vengez-vous donc!... balbutia la princesse, qui tomba sur ses genoux.

Isaure lui baisa la main pour la deuxième fois.

— Je me suis déjà vengée, murmura-t-elle, puisque vous me devez la vie et l'honneur.

Les torches s'éteignirent...

Le lendemain, madame de Toulouse voulut croire qu'elle avait fait un rêve, mais la rivière de diamants était là.

———

L'abbé Manet, dans ses savantes et curieuses études sur le sous-sol de la haute Bretagne, parle de cavernes druidiques situées sur la rive gauche du Couesnon et se ramifiant à l'infini, principalement autour de la ville de Fougères.

Selon lui, ces grottes sont en partie naturelles, en partie creusées par la main des hommes. La plupart étaient impraticables dès le temps de sa jeunesse, par suite d'éboulements intérieurs.

Il affirme pourtant avoir parcouru, au sud de Saint-Aubin-du-Cormier, de vastes souterrains qui n'existaient plus lorsqu'il voulut les visiter de

nouveau en 1820. Le sol friable s'était affaissé
de lui-même — c'est l'opinion de l'abbé Manet —
à la suite du tremblement de terre qui effraya
le pays rennais l'année de la mort du roi
Louis XVIII.

Ces cavernes, après avoir caché les mystères
du druidisme et couvert de leurs éternelles
ténèbres les sacrifices humains, servirent de
retraite aux Bretons armoricains vaincus par
l'invasion saxonne. — Ce fut là que s'abritèrent
les femmes et les filles des Rhédons subjugués,
lorsque le grand roi Mériadech fut obligé de commander cent mille vierges anglaises pour donner
des épouses à ses guerriers.

On sait le déplorable sort des sept cents navires
qui furent chargés d'exporter cette immense car-
gaison d'amour. Détournés par la tempête, ils
s'en allèrent échouer de conserve à l'embouchure
du Rhin, et la cathédrale de Cologne possède les
reliques authentiques de quatre-vingt-neuf mille
vierges de roture qui, ajoutées à celles de onze
mille vierges nobles, forment bien le chiffre rond
de cent mille demoiselles.

Plus tard, les grottes devinrent un repaire de
malfaiteurs, si bien que François Ier de Bretagne
en ordonna la destruction.

Dès le commencement des guerres entre la

Bretagne et la France, les grottes donnèrent asile aux partisans de l'indépendance. Elles servirent notamment, sous la Ligue, aux soldats vaincus de Guy-Eder, baron de Fontenelle.

Ce fut là que Rollan Pied de Fer passa la revue des Frères Bretons, dans les premières années du règne de Louis XIV.

La Fosse-aux-Loups, située sur le domaine de Rohan-Polduc, presque au centre de la forêt de Rennes, était la principale et la mieux connue de ces grottes.

La tradition affirmait qu'elle étendait autrefois ses galeries tortueuses et enchevêtrées comme un écheveau de fil brouillé jusque sous la montagne où s'élève la ville de Fougères. Un boyau qui conduisait au bas de Vitré fut comblé par Rollan lui-même à cause des envahissements de la Vilaine en hiver; mais des milliers d'autres galeries existaient encore, parmi lesquelles on citait la voie profondément encaissée qui conduisait sous le grand étang de Paintourteau.

Ici, ce n'est plus l'obscur érudit qui nous prête son témoignage, enfoui dans un recueil poudreux, c'est la charmante, l'élégante, la brillante marquise de Sévigné, bien fâchée d'être Bretonne, et recevant avec dégoût les gros sous de ses tenanciers.

Les recevant, pourtant, et ne leur en faisant pas cadeau.

La chère marquise, exilée aux Rochers, raconte à sa fille, à travers mille baisers un peu bavards, qu'il est une cave sous son étang, au centre de laquelle existe une grande pierre de caillou.

Du haut de la voûte, toutes les deux minutes, une goutte d'eau tombe.

La goutte d'eau tombant ainsi depuis le commencement des siècles a creusé dans la pierre de caillou un godet rond, profond de deux pouces.

L'eau qu'on trouve là est souveraine contre les ophthalmies.

Madame de Grignan, la fille de l'adorable marquise, avait de beaux et bons yeux. Elle aimait bien mieux qu'on lui écrivît pour lui annoncer l'arrestation de M. le Prince ou l'incroyable mariage de la grande Mademoiselle.

Au commencement du XVIIIe siècle où nous sommes, la Fosse-aux-Loups s'était de beaucoup restreinte, sinon en réalité, du moins dans l'usage qu'on en faisait.

Elle était comme un de ces gigantesques manoirs du moyen âge, dont la famille amoindrie n'habite plus qu'une aile, — tandis que le surplus tombe en ruine.

Les Loups y faisaient leur place d'armes ; mais la fosse, telle qu'elle était, n'aurait pu loger qu'une partie de leur armée.

D'ailleurs, cette armée n'était pas à demeure. Il n'y avait guère à la fosse, en temps ordinaire, qu'un millier de mécontents, irrémissiblement compromis.

Les autres restaient dans leurs loges ou dans leurs fermes, se joignant volontiers aux expéditions, mais gardés contre l'espionnage par leurs masques de fourrures.

La Fosse-aux-Loups actuelle, telle qu'elle servait au joli sabotier et à sa bande, n'était composée que d'une grande galerie bordée de cavités qu'on appelait des salles. La plupart étaient humides et inhabitables. La galerie seule et la grand'chambre présentaient un sol propre à servir de dortoir.

On couchait là sur la paille et pêle-mêle.

Les femmes avaient leur réduit ailleurs, sous l'ancien étang du Muys.

C'était un Rohan qui avait ouvert le premier les cavernes aux Bretons révoltés ; c'était un Rohan qui avait réglé leur association et qui leur avait donné ce nom de Loups.

Rohan était le chef-né des Loups de la forêt de Rennes.

Soit bizarre imagination, soit ruse pour dé-
router les recherches de l'autorité française, on
avait donné un nom féminin au général de cette
sombre armée.

C'était la Louve.

Le sceptre de la Louve était l'épée du duc
Pierre de Bretagne, conservée dans la maison de
Rohan. L'autorité de la Louve était souveraine
et sans contrôle.

Il importe beaucoup de noter ceci : le pouvoir
de ce mystérieux autocrate, quel que fût d'ailleurs son sexe, ne dépendait point des caprices du
prestige, n'avait point pour base ces fantasques
croyances qui dominent si tyranniquement les
populations des campagnes bretonnes.

En dehors de toute superstition, en dehors de
toute influence traditionnelle ou légendaire, la
puissance de la Louve était d'autant plus soli-
dement fondée qu'elle prenait son origine dans un
fait matériel.

A l'heure du danger, la Louve tenait dans sa
main la vie ou la mort de son peuple. Voici comment.

Les Loups ne connaissaient qu'une entrée à
leur place d'armes, bien que l'opinion publique
en comptât trois pour le moins et peut-être davan-
tage.

La Louve seule possédait le secret de Rohan.

La Louve seule pouvait ouvrir les autres issues.

Yaumi, le joli sabotier, avait fait tous ses efforts depuis des années pour découvrir au moins une des issues, mais ses fouilles étaient restées sans résultat. — Quelques pauvres diables ensevelis sous les éboulements, voilà tout.

Vers l'ouest, du côté de Rennes, la grotte présentait un mur de roc terreux qui n'avait aucune solution de continuité.

Vers l'est se trouvaient les chambres. Au delà des chambres, le terrain cédait par places et des galeries s'ouvraient. C'était là qu'on avait sondé. On était parvenu à trouver une autre galerie transversale, mais bouchée à ses deux extrémités par des amas de grosses roches qui semblaient avoir été roulées là par la main de l'homme.

Au delà était un trou. Yaumi lui-même avait pénétré dans le trou.

A cinquante pas de la galerie, il avait trouvé un cours d'eau rapide et profond.

Du côté du nord, un énorme précipice s'ouvrait. Une pierre lancée dans cette cavité rendait un bruit sourd et lointain, comme si elle fût tombée dans les entrailles mêmes de la terre.

Entre le moment où elle quittait la main jusqu'à celui où elle rendait enfin un son en touchant le sous-sol, on pouvait compter jusqu'à cent.

Du côté du sud, c'était l'entrée connue, la porte où les Loups allaient et venaient.

La fameuse porte qu'une *brassée de blosses* devait cacher éternellement aux gens de France.

Par le fait, à moins de trahison, il était presque impossible de découvrir cette ouverture.

C'était à trois cents pas environ de la chaussée désemparée de l'ancien étang du Muys. Un petit ruisseau, affluent de la Vesvre, formait une miniature de cascade en tombant du haut d'un roc moussu, arrêté entre deux chênes géants et isolés. Au sortir de sa chute, le ruisseau coulait en ligne droite pendant une dizaine de pas, puis disparaissait dans les mousses. La terre l'*avalait*, comme on dit là-bas, pour le rendre à un quart de lieue de là, sur la lisière même de la forêt où il rejoignait la Vesvre.

Sous la cascade se trouvait le premier buisson d'un fourré, dru comme la toison d'un bélier au mois de la tonte, où se montrait çà et là cependant la tête grise du roc nu. Comme il n'y avait point de haute futaie en ce lieu, les touffes de ronces et de prunelliers mouraient, d'année en

année, brûlées par le soleil. On les voyait par places tantôt brillantes de verdure, tantôt sèches.

Une de ces touffes, à gauche du roc, était postiche et cachait la porte de pierre de la caverne.

Lors même qu'on eût dérangé la brousse par hasard, tout n'aurait pas été dit ; il fallait encore faire basculer la roche et lever l'ancienne herse du pont-levis de Rohan, qu'on avait dressée en dedans.

Les assaillants se seraient trouvés là en face d'un trou noir, exposés au feu d'ennemis complétement invisibles.

Yaumi s'était fait fort de trouver une des autres issues, ce qui aurait rendu parfaite la sécurité de cette position ; mais Yaumi n'avait pu tenir sa promesse.

La Louve l'aurait pu, la Louve ne le voulait sans doute point.

Du reste, il n'y avait pas à la Fosse-aux-Loups un seul associé qui pût se vanter d'avoir vu le visage de la Louve.

Josselin Guitan passait pour être son premier ministre, et cela donnait l'idée que le vieux Rohan, s'il vivait encore, ou, à défaut de lui, sa fille, restait dépositaire du grand secret.

Mais le vieux Rohan et sa fille avaient disparu du pays depuis si longtemps !

Quant à l'autorité du joli sabotier, elle ressemblait un peu à celle que Philippe d'Orléans avait sur le beau pays de France.

Le joli sabotier s'était institué maître : on lui obéissait.

Il avait ses séides. Le gros de la bande cependant ne le suivait qu'en attendant mieux.

Rohan ne meurt pas, dit le proverbe de Tréguier. On espérait toujours que le vieux tronc de Rohan pourrait reverdir quelque jour.

Une fois passé la herse, on descendait une trentaine de marches glissantes, taillées à la bêche dans une terre argileuse, et l'on se trouvait au seuil d'une première chambre carrée, dont la voûte était soutenue par des piliers de bois vermoulu... Un second escalier moins haut conduisait à la cuisine, qui était de plain-pied avec le reste de la grotte.

Cette cuisine était une chambre irrégulière, longue de plus de cent pas et large de vingt ou trente. Une cheminée semblable à celles des fermes bretonnes était maçonnée à son extrémité orientale. Le tuyau du foyer s'enfonçait dans une galerie inexplorée où se faisait sans cesse un courant d'air.

Jamais la cheminée de la cuisine ne fumait. Évidemment la galerie voisine devait communiquer avec le dehors.

Mais où était l'orifice?

Yaumi avait passé des semaines entières à explorer les taillis au-dessus. La fumée ne sortait nulle part.

Au delà de la cuisine était le grand dortoir, puis les chambres, parmi lesquelles se distinguait celle où l'on tenait conseil.

Dans celle-ci, qui, du reste, était située en regard de la cuisine, même phénomène : le foyer dévorait sa fumée.

IX

— Dame Michou Guitan. —

Il était trois heures de nuit. Tous les hommes
de la Fosse-aux-Loups étaient à Rennes; vous
n'y eussiez trouvé que des femmes, sauf les sen-
tinelles à leur poste et notre pauvre ami Magloire,
courrier d'État, fait prisonnier par les ennemis.

A la tête des femmes se plaçait naturellement
dame Michou Guitan, reine de la population fé-
minine de céans. Elle était en train de faire
bouillir d'immenses marmites, pour restaurer
les gens de l'expédition. A gauche de la cheminée, de bonnes grosses filles, hâlées comme des

marins ponantais, faisaient chauffer le four où
l'on allait fourner.

La Fosse-aux-Loups n'était pas le paradis des
femmes. Leurs hommes les trouvaient bonnes à
tous métiers.

Ces braves filles poussaient des bourrées sous
la voûte ardente et fumaient leurs pipes honnête-
ment.

— Quoique ça, disait Michou Guitan, la cuil-
ler de fonte à la main, ils vont revenir affamés
et battus, les pauvres corps ! comme à l'ordinaire... Et je ne mens pas... tant qu'il n'y aura
pas un chrétien pour leur dire : « A droite ! à
gauche ! » ce sera toujours la même chose.

— Avez-vous vu votre gars, dame Guitan?
demanda Nielle, une des fournières.

— Bien ! bien, ma filleule ! répliqua Michou ;
mon gars n'est pas un marmot qu'on mène à la
lisière, pas vrai ?... il fait ce qu'il veut.

— N'y a pas d'affront..., commença Nielle.

— Bien ! bien ! je vous dis, fit dame Michou
avec solennité ; le moins qu'on parle de ces af-
faires-là, c'est le mieux.

— De quelles affaires? demandèrent aussitôt
une demi-douzaine de fournières en s'approchant
le bonnet de travers et la pipe à la bouche.

Dame Michou, sans ôter la sienne d'entre ses

dents, tira de sa poche sa vaste corne à *petuner* et l'ouvrit à la ronde. Les fournières se fourrè-rent du tabac en poudre plein le nez. Elles eus-sent voulu en prendre par les oreilles, tant l'es-prit d'opposition au fisc augmentait la passion naturelle de ces demi-sauvages pour ces grossiers excitants.

Toute la politique du lieu était dans le tabac.

— Vous en verrez, mes garçailles, prononça gravement dame Michou en savourant à la fois sa poussière et sa fumée, vous en verrez sous peu, du nouveau, c'est moi qui vous le dis!... Quand mon gars me cause, c'est motus... voilà qui est vrai!... mais ça se prépare...

— Quoi donc? quoi donc, dame Guitan?

— Ça se mitonne... Ah! ah! ça me fait rire, moi, voyez-vous!... Ce bancal de Yaumi re-tournera à ses sabots.

— Vous ne l'aimez pas, dame Michou...

— Qui ça?... le sabotier du fond de la Saugle? Je m'en soucie comme de ça, mes garçailles.

Elle secoua les cendres de sa pipe pour la bourrer de nouveau.

En ce moment, derrière le four, on entendit un bruit léger.

Les fournières dressèrent l'oreille. Dame Mi-chou faisait la sourde oreille.

— Amenez-nous ce bêta-là ! commanda-t-elle en élevant la voix plus qu'il n'était besoin; c'est honteux de voir un grand fainéant se prélasser comme ça, quand de pauvres femmes sont à la besogne !

Le bêta, c'était Magloire, qui se tenait couché par terre dans un coin.

On alla chercher Magloire, ce qui empêcha d'entendre un second bruit qui semblait sortir de la cheminée.

La vieille Michou eut une quinte de toux retentissante et prolongée.

Cathos, Nielle, Thurine, Scolastique et d'autres fournières étaient autour de Magloire, qui faisait le mort. Jacquette et Fancille, marmitonnes, se joignirent à elles, et toutes d'une voix :

— Debout, le gars !

Magloire était sourd.

Deux fournières et deux marmitonnes le prirent par les jambes et par les bras.

Magloire se mit aussitôt à pousser des cris aigus.

Dame Michou, qui était tout oreilles pour analyser ce bruit mystérieux dont le faible écho semblait sortir des parois mêmes de la caverne, s'écria d'un ton courroucé :

— Si tu cries comme ça, failli merle, on va te jeter dans le trou sans fond !

Magloire s'agita convulsivement entre les bras de ses porteuses, mais il ne dit plus rien.

Dame Michou se reprit à écouter. Le bruit avait cessé.

Cathos et Nielle étaient pour les bras ; Jacquette et Faucille tenaient les jambes. Elles vinrent déposer Magloire aux pieds de dame Michou.

Dame Michou l'examina un instant d'un air dédaigneux.

— Ça a l'air d'une méchante quenouille, grommela-t-elle, avec de la filasse au bout !

Cette allusion à la couleur de ses cheveux déplut souverainement à l'amant de Sidonie. Il se leva sur son séant et passa la main avec coquetterie dans ses mèches jaunes.

— On est blond, quoi, la bonne femme !... dit-il.

Le chœur des fournières et des marmitonnes se mit à rire en criant tout d'une voix :

— Est-il vilain, ce petit paroissien-là !... Mon Dieu donc, est-il vilain !

— Ah ! dame ! fit Magloire, ce n'est point l'avis des demoiselles !

— Ça a une langue ! reprit dame Michou qui

l'examinait comme on fait d'une bête curieuse.
Comment qu'on te nomme, miévrot ?

L'amant de Sidonie se recueillit un instant ;
puis il dit, psalmodiant plaintivement :

— Ça va vous inonder de larmes, d'entendre
le récit de mes malheurs de famille ! Je suis le
plus cruel exemple de tous ceux qui s'est vu per-
sécuter par la rigueur du sort !...

Ma foi ! il n'en fallait pas tant pour exciter
l'intérêt chez Nielle, Cathos, Scolastique, Fancille, Thérèse, Thurine et Goton. Elles s'es-
suyaient déjà les yeux, les bonnes filles, avec
des tabliers qui n'avaient aucun souvenir de la
lessive.

Magloire laissa tomber sa tête sur sa poitrine ;
puis, se redressant d'un air dolent :

— Y a donc, reprit-il, mes chères dames, que
je suis la victime de tous les hasards... dès l'âge
le plus tendre...

Au lieu de poursuivre cette épopée, dont le début avait tant de promesses, Magloire rejeta tout
à coup sa tête jaune en arrière et demeura bouche béante à regarder le trou de l'âtre.

Un gnome, un être tout à fait fantastique en
sortait en ce moment, tenant à la main une longue perche au bout de laquelle était attaché un
paquet de cardes ou graines de chardons.

Cette sorte de brosse était toute noire de suie, le gnome aussi.

— Grincette! s'écrièrent les filles, Grincette la ramoneuse!

Grincette sauta d'un bond au milieu du groupe, qui se dissipa pour éviter son dangereux contact.

C'était une petite fille de douze à treize ans, chétive, difforme, malvenue, mais dont les yeux brillants comme deux diamants éclairaient un visage intelligent et malin.

Grincette avait pour mission de déboucher journellement le tuyau de la cheminée, sans cesse embarrassé par des terres et des gravats qui tombaient on ne savait d'où.

Dame Michou lui avait accordé sa haute protection.

Grincette vint se mettre derrière l'escabelle de la bonne femme.

Et pendant que les filles curieuses pressaient cet éloquent Magloire, quelques paroles rapides s'échangèrent à voix basse entre la ramoneuse et dame Guitan.

— Eh bien? fit la bonne femme.

— Eh bien, elle vient de passer, répliqua Grincette.

— Seule?

— Non pas... avec une petite demoiselle, jolie comme les amours.

— J'avais bien cru l'entendre ! murmura dame Michou Guitan, qui, cette fois, ôta sa pipe de sa bouche pour se signer dévotement avec la croix de son rosaire à grains de cuivre ; nous allons voir du nouveau... Que seulement la sainte Vierge nous protége !

— Après ? après ? criaient les filles autour de Magloire, ancien courrier d'État et présentement victime du sort.

On peut être nigaud et rusé tout à la fois. Magloire en était un exemple. Il voyait bien qu'ici les récits de fredaines vraies ou fausses seraient mal accueillis.

Ce qu'il fallait toucher, c'étaient les cordes tendres.

Magloire fit mine d'essuyer ses yeux, qui étaient secs, et poursuivit :

— Je m'appelle Edmond de Philidor. Je dois le jour à deux nobles familles dont l'une pour mon père et l'autre pour ma mère infortunée, morte à la fleur de ses ans, dans la douleur et dans les sanglots...

Deux fournières essuyèrent de vraies larmes.

Ces bonnes filles ont toujours les pleurs à la

peau. — Rien que ce nom d'Edmond de Philidor
avait chatouillé leur appareil lacrymal.

— Pauvre mère, va !... murmura Scolastique.

— La paix ! fit-on à la ronde.

— Voilà donc qu'est bon, continua Magloire ;
ceux qui ont fait du chagrin à ma mère et qui
finalement l'ont plongée dans les profondeurs de
la tombe sont des gens à l'aise et en place... Mais
j'ai juré de la venger, et je ne m'en dédirai qu'à
la mort !

— C'est bien ça ; faut pas mentir ! s'écria-t-on
tout d'une voix.

Magloire, malgré ses jambes en manche de
veste et ses cheveux couleur de filasse, passait
rapidement au grade de héros de roman.

— Quoi donc ! reprit-il, toutes les splendeurs
des familles comme il faut, qui a une belle fortune et des rentes, entourèrent mon berceau. Ma
nourrice était une bourgeoise et j'avais des lan-
ges de basin... mon père était duc, marquis et
baron avec un habit de soie brodée et des bas à
jour... je m'en souviens comme si je le voyais
encore devant mes yeux attendris !

» Mon père ! s'interrompit-il, mon pauvre
père !... Un soir qu'il passait auprès de la rivière,
au bout du mail de Saint-Cyr, quatorze hommes

masqués le saisirent, le plongèrent dans un sac de cuir, et lui firent finir ses jours au fond des eaux...

— Si c'est possible ! gronda le chœur des fournières.

— Tout ça pour s'emparer de son bien, continua Magloire; vous avez devant vous son orphelin, qu'ils ont également persécuté par toutes leurs perfidies... Je fus élevé par mon oncle, qui prit soin de moi, jusqu'à quand que je pourrais voltiger de mes propres ailes... N'y en avait pas un dans le quartier pour être sage et apprendre si bien le latin, dont j'avais tous les prix et récompenses d'encouragement au collège de Toussaint, que vous pouvez vous en informer auprès de tous mes petits camarades... Mes ennemis avaient juré ma perte pour le jour de mes dix-huit ans...

Le cercle se resserra autour de Magloire.

— Mon oncle était malade au lit, poursuivit-il, d'une sueur rentrée et de la fièvre, dont ma tante ne savait plus à quel saint se vouer... C'est alors que je fis la rencontre de Sidonie, duquel mes ennemis se servirent pour me faire tomber dans leur propre piége !

— Qu'est-ce que c'est que Sidonie ? demandèrent les fournières.

Magloire leva les yeux au ciel.

Il allait encore une fois transfigurer Sidonie.

— La beauté des anges ! dit-il, un teint de lait avec les fraîches couleurs de la rose du printemps, la reine de toutes les fleurs de nos parterres !... Une taille de nymphe des bois avec les grâces de Vénus et tout !... la meilleure éducation, sachant lire et écrire... que l'amour me perça le cœur de ses flèches dès que je la vis... et réciproquement, il me parut qu'elle était éprise de mes avantages naturels... dont nous convînmes d'un rendez-vous, au coin de la rue Vasselot, à huit heures du soir...

Magloire s'arrêta. Il y avait autour de lui un rond de bouches béantes.

Jamais Nielle, jamais Fancille, jamais Félicité ni Mathurine n'avaient entendu une si touchante histoire.

— Si c'est possible ! répétait-on ; y va y avoir quéq'chose à ce rendez-vous !

Magloire poussa un énorme soupir et continua.

— C'était donc hier soir à la brune que ça se passait... J'en ai encore la chair de poule, quoique c'est pas le courage qui me manque... J'attendais Sidonie depuis un peu de temps, lorsque

les quatorze scélérats qui ont assassiné mon
père sortirent d'une allée et me chargèrent de
chaînes... On me jeta dans une chaise de voyage
avec un bâillon sur la bouche et on cria au pos-
tillon : « Au galop !... »

» J'étais encore évanoui, mes bonnes chrétiennes, quand, au milieu de la forêt, les Loups
ont attaqué la chaise. Ils m'ont pris pour un
autre ; ils m'ont battu, quoique je sois un vrai
Breton, et m'ont amené ici prisonnier... Que
ma pauvre chère tante doit être bien dans l'inquiétude ! »

Magloire couvrit son visage de ses mains et
pleura au souvenir de sa tante.

— Faut le mettre en liberté, ce jeune gars-là,
dit Thurine.

Et toutes les filles furent de son avis.

Dame Michou Guitan, depuis le commencement du récit, causait bas avec la petite Grincette, qui faisait la description d'une belle dame
et d'une jolie demoiselle, rencontrées par elle
dans la partie du souterrain perdue derrière le
four et la cheminée.

Grincette n'avait point l'air étonné de cette
rencontre.

Les fournières, cependant, et les marmitonnes se mettaient en mouvement pour exé-

cuter leur charitable dessein et rendre à sa
tante éplorée le jeune Edmond de Philidor,
lorsqu'une grande rumeur se fit du côté de l'entrée des grottes.

— Cachez-moi, mes bonnes chrétiennes ! s'é-
cria Magloire épouvanté.

X

— Le joli sabotier. —

Il n'était plus temps de cacher Magloire. Les
Loups se précipitèrent en tumulte dans la galerie.
Ils étaient ivres de leur victoire et parlaient tous
à la fois, racontant leurs hauts faits dans la ville
conquise.

Tout ce tapage fut d'abord favorable au pauvre Magloire, qui se tint coi à l'angle du four,
attendant l'occasion de réveiller le tendre intérêt
de ses protectrices.

Mais il y avait là un Loup de la rue Vasselot.
Les Loups venaient de partout. Ce Loup de la

rue Vasselot, portefaix de son état, reconnut
tout d'abord Magloire et l'appela par son nom.

Quand Thurine, Catiche, Fancille et le reste,
surent que Magloire ne se nommait pas Edmond
de Philidor et qu'il était apprenti boulanger, elles
entrèrent dans une terrible colère. Le four,
chauffé à point, faillit être appelé à cuire l'amant
de Sidonie.

Catiche lui offrit un coup de pelle ; Fancille
lui prodigua plusieurs coups de balai ; Thurine,
Félicité, Nielle, Goton, Scolastique, se mirent
de la partie, regrettant les larmes qu'elles avaient
versées.

Enfin, Grincette, un vrai démon, vint jouer
des dents et des ongles sur le patient renversé.

Heureusement qu'on avait autre chose à faire.
Les soupirants de ces demoiselles apportaient
leur charge de dépouilles, et dans le butin se
trouvaient bon nombre de barils d'eau-de-vie.
Un autre bal allait commencer.

Magloire eut grâce de la vie. On le condamna
seulement à servir le four sous les ordres sou-
verains de dame Michou Guitan, dont il fut pro-
clamé l'esclave à perpétuité.

Sa besogne commença tout de suite. Pendant
que ces demoiselles buvaient, hurlaient et sau-
taient, Magloire, malgré son habit de gentil-

homme, sa noble naissance et ses tant poétiques
malheurs, fut obligé de fourner à lui tout seul
le pain du lendemain.

Aucune de ses fredaines ne lui réussissait.

C'était à en devenir honnête homme !

Bientôt la grande galerie où les Loups s'étaient
rassemblés pour fêter leur triomphe s'emplit
d'un tel nuage de fumée de tabac, que la cohue
mobile n'apparaissait plus qu'à travers un épais
brouillard. C'étaient des cris sauvages et de
grands éclats de rire avinés.

Les filles allaient comme des bacchantes, la
pipe à la bouche et portant les parures déjà
fanées du bal du présidial par-dessus leurs haillons. Les hommes, deux fois ivres, se démenaient, s'embrassaient et se battaient.

Ils n'avaient plus ce poids qui, malgré eux,
oppressait leurs poitrines parmi les splendeurs
de l'hôtel de ville. Ils étaient dans leur centre ;
leurs gros sabots se plaisaient dans cette noire
poussière et dans cette boue.

— Au lard ! au lard ! comme leurs descen-
dants crient encore dans leurs foires.

Du lard, de l'eau-de-vie, du tabac !

Du lard bien salé, de l'eau-de-vie qui râpe la
gorge, du tabac qui tourne le cœur !

Les trois délices du paradis breton !

Que de gens préféreraient l'enfer de tout le monde!

La salle du conseil, grande pièce aux parois équarries à la bêche, était plus haut voûtée que la galerie. Une douzaine de troncs d'arbres posés en piliers et surmontés de madriers bruts posés en solives soutenaient les terres supérieures.

Il y avait à l'entour vingt ou trente billots encore revêtus de leur écorce : chaises curules du sénat des Loups.

Au fond, en face de l'ouverture qui donnait sur la grande galerie, on voyait pendre à plis roides et ternes la vieille tapisserie de drap d'argent que nous avons déjà vue, aux premières pages de cette histoire.

Elle servait en ce temps-là de séparation entre la salle d'armes de Rohan, où Alain Polduc et dame Michou Guitan avaient établi leurs quartiers rivaux, et le maître escalier du manoir.

Ce fut elle qui s'ouvrit pour montrer le comte Guy arrivant à l'appel de ses vassaux en détresse.

Maintenant elle servait de voile à une sorte de sanctuaire invisible dont, malgré les railleries du joli sabotier et de ses âmes damnées, aucun Loup n'approchait qu'avec crainte.

Il était défendu de soulever la draperie; mais

chacun, dans les grottes, savait bien ce qu'il y avait derrière.

Il y avait derrière la draperie une niche ou rotonde au centre de laquelle était placé ce vieux trône de famille qui ornait autrefois le grand salon de Rohan.

C'était là que, suivant les traditions, la Louve s'était montrée aux ancêtres.

C'était là que la Louve devait apparaître encore, si les habitants de la Fosse-aux-Loups étaient destinés à jamais la voir.

Yaumi avait fait ce qu'il avait pu depuis quinze ans pour détruire le prestige de ce sanctuaire fermé.

Mais il y avait là dedans un grain de merveilleux. Yaumi avait perdu sa peine.

Précisément à cause de son invisibilité, la Louve apparaissait, aux imaginations de ses sauvages sujets, grande comme les rêves du mysticisme breton.

Ce n'était plus un être mortel, c'était la personnification du vieux droit ducal; c'était le génie de la nationalité.

Tandis que l'orgie fumeuse s'agitait dans la galerie, un grave synode se tenait dans la chambre du conseil.

Yaumi, l'intendant Feydeau, Alain Polduc et

don Martin Blas, étaient réunis là dans un recoin obscur, et causaient à voix basse.

Avant d'entrer, le joli sabotier avait eu une conférence d'un autre genre. Grincette, ce petit diable femelle que nous avons vu sortir de la cheminée, lui avait fait son rapport.

La bonne dame Michou Guitan se croyait bien sûre de cette Grincette qu'elle avait élevée.

Par le fait, Grincette l'aimait assez ; mais elle aimait mieux l'eau-de-vie.

Yaumi lui donnait de l'eau-de-vie.

— Derrière la cheminée de la cuisine ! pensait le joli sabotier en gagnant la chambre du conseil ; — si je n'étais pas trop gros, je passerais par le tuyau pour voir cela... J'ai toujours eu idée qu'il y avait là une issue, puisque la cheminée tire... Mais j'ai cherché, mais j'ai sondé... Ce n'est plus le temps de faire cette besogne, il faut frapper ailleurs !

Dans la chambre, l'intendant et le sénéchal étaient assis auprès l'un de l'autre ; ils parlaient avec vivacité. Non loin de là, don Martin Blas s'appuyait, sombre et muet, aux parois de la grotte.

Yaumi s'approcha des deux premiers.

— Ici, coquin ! fit Martin Blas comme s'il eût appelé un chien.

Son visage contracté montrait, écrit en lisibles caractères, qu'il ne fallait point l'irriter en ce moment. Cependant Yaumi n'obéit point.

— Mon bonhomme, lui dit Alain Polduc, les quelques heures qui vont s'écouler jusqu'à l'ouverture de la séance du parlement valent pour nous toute une vie... Ta fortune est faite, si tu peux nous mettre hors d'ici cette nuit.

Yaumi prit place sur une escabelle et ne répliqua point.

Martin Blas fit un pas vers lui, la main sur son épée.

— Tu nous as trompés, misérable ! dit-il, tu nous as affirmé que tu étais le maître ici...

— Je suis le maître, repartit enfin le joli sabotier, qui passa le revers de sa main calleuse sur son front couvert de sueur froide ; la preuve que je suis le maître, c'est que vous vivez tous les trois.

— Nous sommes prisonniers, objecta Polduc ; — donc, tu n'es pas le maître.

Yaumi répliqua :

— Vous êtes prisonniers parce que je l'ai voulu.

L'épée de Martin Blas sortit à demi du fourreau.

— Vous, dit le joli sabotier, qui le regarda en

face, — je n'avais pas besoin de vous... C'est vous qui avez voulu venir... Que vous ai-je promis? Que vous trouveriez ici la comtesse Isaure et la Cendrillon? Je n'ai pas menti : la Cendrillon et la comtesse Isaure sont ici.

L'intendant et son gendre échangèrent un rapide regard.

— Je veux les voir, reprit l'Espagnol, à l'instant !

— Moi, je ne le veux pas, riposta froidement le joli sabotier, et je suis le maître !... Laissez là votre épée, croyez-moi, et ne vous approchez pas trop ; car, si vous passiez certaine limite, vous pourriez voir que les pauvres balles de nos mousquets sont assez dures pour casser une tête de gentilhomme... Il y a en ce moment quatre bonnes paires d'yeux qui vous visent, monsieur l'ambassadeur du roi d'Espagne, et votre front est au bout de quatre bonnes carabines qui jamais n'ont manqué leur coup !

Involontairement, Martin Blas jeta un regard autour de lui.

Yaumi se prit à rire.

— Regardez cela, reprit-il en montrant la sanglante cicatrice que le pommeau de l'épée de Rieux avait laissée sur son visage ; je n'avais qu'un mot à souffler pour faire sauter le crâne de celui qui m'a marqué ainsi... Je n'ai rien dit... rien !

Puis il ajouta avec un mouvement d'orgueil :

— Oui, oui, je suis le maître... le maître des autres et de moi-même !

Ses sourcils fauves se froncèrent, et sous leur ombre profonde son œil lança un éclair.

— Vous la verrez, votre comtesse, reprit-il encore d'un ton dédaigneux ; mais, cette fois, aurez-vous le cœur de vous venger ?

— Que t'importe? fit Martin Blas avec hauteur.

— Non..., poursuivit le joli sabotier comme se parlant à lui-même, elle a un charme... Il ne se vengera pas !

Sa tête chevelue disparut entre ses mains, qui pressèrent convulsivement son front.

Évidemment, cet homme ne ressemblait plus à lui-même. Son cerveau fermentait. Il avait une grande idée, ou bien la folie le cherchait.

Ou bien encore il avait caché son jeu depuis quinze ans et personne n'avait deviné sa force.

Quand il se découvrit le visage, il était très-pâle et ses yeux brûlaient.

— Je suis le maître ! répéta-t-il comme pour affermir sa propre conviction ; mais je ne peux rien contre elle, parce qu'elle a un talisman...

N'a-t-elle pas traversé le feu et l'eau? J'avais
mis une balle d'argent dans mon mousquet, le
jour où je tirai sur elle à la croix de Mi-Forêt...
Moi qui tue un lièvre à la course à trois cents
pas... j'étais à cinquante pas... et j'ai retrouvé
ma balle écrasée à la place où elle s'agenouillait
devant l'image de Notre-Dame...

— C'est donc bien vrai, que vous avez tenté
de l'assassiner? dit Martin Blas, dont le regard
quitta Yaumi pour se reporter sur l'intendant et
sur le sénéchal.

Polduc se borna à faire un tout petit mouvement d'épaules, et l'intendant murmura :

— Ne voyez-vous pas qu'il bat la campagne?

— C'est vous, s'écria tout à coup le joli sabotier, dont les lèvres blêmes se bordèrent d'é-
cume, — c'est vous qui m'avez trompé tous les
trois... C'est vous qui m'avez menti, gentilshommes que vous êtes!... Vous m'aviez promis
de me débarrasser de cette femme, mais elle
vous a fait peur!... Il n'y a que moi, s'interrompit-il; la guerre est entre nous deux... Il faut
frapper... Qu'elle soit insaisissable et invulné-
rable, je frapperai... Je veux être le maître!...
Si la roche que je vais ébranler me tombe sur la
tête, tout est dit! qu'importe la mort?

Il se tut.

Dans la galerie voisine, les éclats de l'orgie montaient avec la chaude vapeur qui se dégageait de la cohue en fièvre.

— Tout cela est bel et bon, mon vieux Yaumi, dit le sénéchal, mais nous t'avons proposé ta fortune.

Le joli sabotier eut un rire strident et sec.

— Ma fortune! répéta-t-il. Que m'en aurait-il coûté pour piller vos deux châteaux, mes beaux messieurs?... Ma fortune! Je suis plus riche que vous; car tout ce que vous avez est à moi, si je veux... Il n'y a qu'une chose : c'est d'être le maître... Cela vaut tout le sang d'un homme... Le reste n'est rien !

Il s'arrêta et ferma ses deux gros poings pour menacer le ciel.

— Tenez! s'écria-t-il d'une voix étranglée, c'est une malédiction, vous allez voir... Il n'y a qu'une arme pour la tuer, cette femme : c'est son secret... Je l'ai, son secret... mais, le jour où je dirai son vrai nom, la forêt tremblera... et toutes ces bêtes fauves qui sont là me déchireront avec leurs dents...

Sa parole était courte et brisée. Des saccades convulsives tiraient tous les muscles de sa face.

— Et sa force, reprit-il en se levant tout à coup, savez-vous où elle est?... J'ai passé mes

jours et mes nuits à chercher ces issues mau-
dites... Si je pouvais dire : « Je connais, moi
aussi, le mystère de ces portes, » rien ne me
résisterait... Son prestige est là... Je vais le lui
ravir, son prestige !... Je vais en savoir aussi
long qu'elle !

Il s'arrêta, debout au milieu de ses trois compagnons.

— Vous voulez être libres, n'est-ce pas ? leur
demanda-t-il brusquement.

Il n'y eut à répondre que l'intendant et le sénéchal. Ils voulaient, en effet, sortir des grottes à
tout prix.

Martin Blas avait d'autres vues.

Yaumi saisit le bras du sénéchal et l'entraîna
à l'autre bout de la chambre.

Ils causèrent un instant très-bas et avec une
grande vivacité.

Martin Blas s'était assis et songeait. — L'intendant suivait d'un œil inquiet la conversation
de son gendre avec le joli sabotier.

Il avait de temps en temps recours à sa boîte
d'or, mais ce n'était plus avec ces grandes ma-
nières et cette grâce triomphante que nous ad-
mirions à si juste titre dans le boudoir des demoiselles Feydeau.

C'est à peine s'il prenait maintenant le soin

de secouer languissamment la dentelle de son
jabot.

Hélas ! à quoi bon ? Cette nuit terrible avait
complétement lavé le savant badigeon de son
visage. Le blanc, le rose, le bleu, tout avait disparu. Le malheureux Achille-Musée était à l'état
de nature avec ses rides profondes, marbrant des
joues de parchemin, et ses rares cheveux gris,
qui, révoltés, sortaient des bords de sa perruque.

Il avait un petit miroir de poche : ce fidèle
conseiller lui disait toute l'étendue de son infor-
tune.

Achille-Musée avait cette honte sourde, ce
malaise, cette confusion du renard de la fable
qui se sentait la queue coupée.

S'il voulait être libre, lui, c'était pour restaurer ses peintures.

Il vit, du reste, tout de suite que son gendre
et le chef des Loups s'entendaient à merveille.

Polduc se frottait les mains et tapait, ma foi,
sur l'épaule du joli sabotier d'un air tout ami-
cal.

Ce fut au point qu'Achille-Musée prit le courage de quitter sa place et de s'approcher d'eux.

Quand il fut à portée, voici ce qu'il entendit.

C'était Yaumi qui parlait ; il disait :

— Dans une heure, tout peut être fait. Re-
marquez bien seulement l'entrée de la grotte...
D'ailleurs, je vous donnerai un guide... Les
chasseurs de Conti nous ont suivis jusqu'au gué
la Vache; ils doivent être campés dans la clairière... Un temps de galop les mettra sous l'é-
tang du Muys où ils trouveront, Dieu merci!
leur charge de rochers... Que chaque homme
apporte une pierre, et l'entrée de la fosse sera
bientôt bouchée.

— Ce n'est pas un piége que tu nous tends
là, mon gars? fit le sénéchal, qui commençait à
réfléchir.

Achille-Musée était maintenant tout oreilles.

— Non, répondit le joli sabotier, ce n'est pas
un piége... Vous avez vos affaires, j'ai les
miennes, voilà tout.

— Mais comment te sauveras-tu?

— Si je ne sais pas tout, je sais beaucoup,
répliqua Yaumi avec une certaine répugnance,
et comme s'il n'eût cédé qu'au besoin de fournir
des garanties à son interlocuteur. — Je sais où
trouver la comtesse Isaure en ce moment... Je
sais qu'elle a auprès d'elle une jeune fille qu'elle
sauverait au péril de sa vie... Quand on lui aura
dit : « La porte de la fosse est bouchée, » la
comtesse Isaure trouvera bien une issue...

— Ah! firent en même temps le beau-père et le gendre.

— Et moi qui serai derrière elle sans qu'elle s'en doute, acheva le joli sabotier, j'aurai le grand secret... Je serai le maître!

— Mais alors, commença le sénéchal, la comtesse Isaure est donc...?

Il n'acheva pas, parce que la main du sabotier se posa rudement sur sa bouche.

— Ce mot-là éveillerait ici un terrible écho! murmura-t-il.

— Et la laisseras-tu sortir? demanda encore Polduc.

— Si la lame de mon couteau n'est pas de beurre, non! répliqua Yaumi avec une singulière énergie.

— En ferais-tu le serment?

— Oui.

— Sur ton salut éternel?

— Sur mon salut éternel!

— Tope! fit le sénéchal, qui lui tendit la main.

— Tope! ajouta Achille-Musée, à qui on ne demandait rien.

— Attendez-moi donc ici cinq minutes, reprit le joli sabotier; je vais me débarrasser de celui-ci.

Il alla droit à Martin Blas et lui dit :

— Me voici prêt à vous conduire auprès de la comtesse Isaure.

Martin Blas se leva sans répondre, et ils sortirent tous deux.

XI

— Mère et fille. —

C'était une sorte de petite cellule maçonnée,
dont les murs étaient recouverts d'une tapisserie
de serge. Elle avait une seule porte qui s'ouvrait
sur un couloir étroit et noir, d'où venait un grand
courant d'air qui agitait vivement la flamme de la
lampe.

Dans la cellule, il y avait une couchette et
quelques escabelles, sur l'une desquelles un costume de paysanne en bure brunâtre était plié.

Au chevet du lit était un grand livre d'heures.

On entendait là une étrange confusion de
bruits et de voix.

Les mêmes bruits et les mêmes voix qu'on entendait dans la caverne elle-même.

Les sons du biniou et de la bombarde qui animaient les danseurs dans la galerie arrivaient parfaitement distincts, ainsi que le grave bavardage de dame Michou Guitan, qui entamait l'éducation souterraine du malheureux Magloire.

Quand une clameur soudaine se faisait dans la galerie où festoyaient les Loups, les parois de la cellule tremblaient.

Le couloir situé au devant de la porte était froid, mais non pas humide. Il y régnait un vent violent qui emportait avec lui d'âcres odeurs de fumée.

Le raisonnement bâti par le joli sabotier au sujet de ce déplacement d'air qui favorisait le tirage de la cheminée de la cuisine n'était pas d'une rigoureuse exactitude.

Dans les grottes d'une vaste étendue, la seule différence des niveaux, et par conséquent des températures, peut déterminer des courants continus.

Il y avait deux femmes dans cette cellule : la comtesse Isaure et Céleste.

Toutes deux gardaient encore leurs costumes de bal.

La comtesse Isaure était assise sur le pied du lit : Céleste s'agenouillait près d'elle.

La comtesse Isaure, penchée en avant, tenait la tête de Céleste pressée contre son cœur. Les belles boucles blondes et brunes de leurs cheveux se mêlaient.

Un peintre eût cherché longtemps avant de grouper plus gracieusement deux plus ravissantes créatures.

Elles souriaient toutes deux de sourires pareils ; elles s'admiraient l'une l'autre, elles s'adoraient, elles pleuraient.

— Ma mère, ma mère, ma mère ! disait Céleste mettant ses délices à répéter ce mot, — est-il possible que Dieu m'envoie tant de bonheur !

— Ma fille ! répondait Isaure, ma fille chérie !...

Et c'étaient des baisers sans fin.

Isaure reprenait :

— Laisse-moi te dire, Marie... car tu t'appelles Marie, et ton enfance fut vouée à la bonne Vierge mère de Dieu... laisse-moi te demander pardon de t'avoir laissée si longtemps seule, si longtemps malheureuse et abandonnée... Nous étions proscrits... Je veux que tu saches tout cela...

— Mais vous êtes bien trop belle et trop

jeune, interrompit Céleste, pour être ma mère !

Elle se reculait, riant et pleurant.

— Belle ! reprenait-elle, belle comme les saintes du ciel ! Ma mère... ma mère...

Et des baisers encore.

Elles ne se lassaient point, insatiables toutes deux de ce divin bonheur si longtemps attendu.

Puis, madame Isaure prenait un ton bien grave :

— Petite folle, grondait-elle, la maman sévère, ne m'écouteras-tu point ?...

— Si vous parlez de vous... rien que de vous, ma mère, je vous écouterai.

— De moi et de toi, Marie... Toi, n'est-ce pas encore moi ?... Te souviens-tu du récit que te fit la Meunière dans les pauvres ruines du moulin ?... Ce jour-là, ton destin se décidait ; ce jour-là, les efforts de ta mère ramenaient en Bretagne l'homme qui devait y faire naître la concorde et la paix, le comte de Toulouse... Tu souris parce que sa bienvenue a été payée par une bataille... Te voilà encore bien jeune, petite fille, pour que je t'explique le jeu mysté-rieux des factions... A cette bataille, tout le monde a gagné, Marie, et toi plus que les au-tres... Ce sera la dernière, si Dieu nous est en aide... Voici deux jours seulement qu'on t'a dit la

bonne aventure, et, demain, tu seras la femme
d'un grand seigneur...

— Demain ! répéta Céleste.

Puis elle ajouta rougissant et souriant à la
fois :

— Raoul n'est encore que capitaine.

— Qu'était-il hier ?... demanda la comtesse
Isaure ; ne crois-tu pas aux prédictions de la
Meunière ?

Céleste dévorait de baisers ses belles mains.

— C'était vous, ma mère, c'était vous ! dit-
elle.

— C'était moi... Et que d'années avant d'arriver à cette première joie !... Mais je ne sais pas
où commencer mon histoire, Marie, ma fille
bien-aimée... Nous n'avons que quelques minutes, et j'ai tant de choses à te dire !... Heureusement que la Sorcière a bien avancé ma
besogne l'autre jour... Je veux t'expliquer d'abord
pourquoi tu as été confiée aux mains des ennemis
de ta race... Ce fut à une époque où le terrain
manquait sous mes pas : mon père était prisonnier ; Josselin Gaïtan, l'unique serviteur qui me
restât fidèle, s'en allait mourant d'une blessure
qu'il avait reçue en me servant... J'étais seule, et
il me fallait partir pour Paris. Une voix me
disait que là était le salut.

» Je savais que le traître Alain Polduc et son
beau-père l'intendant Feydeau cherchaient partout ma fille et le fils de mon frère, et je savais
dans quel but ils les cherchaient.

» Dieu m'inspira. Ce fut pendant ma prière à
Notre-Dame de Mi-Forêt que l'idée me vint de te
placer, pauvre enfant, au centre même du camp
ennemi.

» Comment Polduc et Feydeau eussent-il pu
soupçonner tant d'audace?

» Je pensais d'ailleurs ne m'éloigner de toi que
pour quelques semaines. J'emportais avec moi
une clef qui devait m'ouvrir toutes les portes à
Paris.

» Mais les conseils politiques ne décident rien
en un jour. J'ai travaillé dix ans.

» Qu'importe, Marie, puisque te voilà dans mes
bras, que je baise ton front si doux et que je
vois ton pur sourire?... »

Céleste attira contre son cœur les deux mains
de la comtesse Isaure.

— Et Raoul? murmura-t-elle.

— Mon rival? fit l'heureuse mère en riant, —
celui que tu aimes mieux que moi?...

— Oh! pas mieux que vous, ma mère! se
récria Céleste.

— Je ne suis pas jalouse... et je l'aime presque

autant que toi... Dieu est bon et la Providence
se montre en tout ceci... J'avais dit : Celui que
ma fille aimera et qui aimera ma fille aura du
bonheur..... Tout obstacle s'aplanira sous ses
pas... Si bas que le sort l'ait mis, il montera,
soutenu par une invisible main ; il montera jusqu'au trône ducal où s'asseyaient mes pères...
J'avais dit cela dans mon orgueil ; mais Dieu, qui
punit tous les orgueils, voit d'un œil clément
l'orgueil des mères, parce que c'est de l'amour...
Le bonheur de Raoul a été de l'aimer. Notre
bonheur, à nous, c'est que Raoul l'ait aimée,
car Raoul est le fils de mon frère César, et, en
servant mes tendresses maternelles, j'accomplis-
sais du même coup un devoir...

— Raoul !... mon cousin !... s'écria Céleste ;
et quel est donc notre nom, ma mère ?

— Tu ne l'as pas deviné, Marie ?... Bien souvent, cependant, tu entendis raconter ta propre
histoire ; mais c'étaient là pour toi, pauvre enfant, des contes de veillées et des légendes... Si
tu as versé parfois des larmes en écoutant le récit
du dernier jour de Rohan, comme ils disent
encore dans la forêt, c'est que tu as bon
cœur...

— Oh ! j'ai bien pleuré ! dit Céleste.

— Tu ne t'en doutais point, poursuivit madame

Isaure, que l'enfant endormi dans les bras de
Valentine chassée et maudite, c'était toi.

— Moi ! fit Céleste toute pâle ; — je le crai-
gnais, ma mère... mais je tâchais de n'y point
croire... J'ai été trop longtemps pauvre fille...
Ce grand nom de Rohan me fait peur !

Madame Isaure la pressa frissonnante contre
son sein.

— S'il plaît à Dieu, dit-elle, ce grand nom de
Rohan te sera léger à porter, ma fille... J'ai travaillé à cela pendant une vie tout entière...

Ses bras cessèrent soudain de serrer Céleste,
qui glissa sur ses genoux.

Sa physionomie avait changé d'expression.
Elle écoutait, l'œil fixe et la tête penchée.

Elle se leva sans bruit.

— Attends, dit-elle.

D'un pas léger elle s'engagea dans le corridor
sombre.

Le corridor, dans son prolongement septen-
trional, aboutissait à une impasse. C'était la fin
des grottes de ce côté.

Madame Isaure colla son oreille à la paroi de
terre.

— Ils sont là !... murmura-t-elle.

Comme elle achevait, la voix de Martin Blas,
invisible, s'éleva de l'autre côté de la paroi.

La comtesse Isaure l'entendit prononcer distinctement :

— Tu nous as trompés, misérable !

Puis vint la réponse de Yaumi.

La comtesse Isaure était là au revers de la chambre du conseil.

Elle tourna vers la gauche et fit quelques pas dans l'obscurité la plus profonde, et sa main, qui tâtonnait, trouva une petite porte de bois.

Elle frappa trois coups doucement, et demanda tout bas :

— Es-tu là ?

La voix de Josselin Guitan lui répondit :

— Je suis là.

Madame Isaure, pensive, mais calme, revint à la cellule, où Celeste l'attendait toute tremblante.

— Nous aurons plus de temps que je ne pensais, dit-elle ; ne t'effraye pas, fillette... tes terreurs de cette nuit ne sont pas finies... mais tu as ta mère près de toi.

— Ne me quitte plus !... murmura Céleste en la tutoyant pour la première fois.

Cela lui valut une longue et douce caresse maternelle.

— Où en étais-je ? reprit madame Isaure ; je ne peux pas tout te dire, parce que tu ne me

comprendrais pas... Tu n'as jamais entendu
parler de madame Saint-Elme, Marie?

— Jamais, répondit la jeune fille.

— C'est le nom d'une femme isolée et faible,
à qui Dieu donna le pouvoir d'empêcher la guerre
entre deux grands peuples... C'est le nom d'une
femme qui, sans appui ni recommandation, sut
acquérir assez de pouvoir sur le régent, Philippe
d'Orléans, pour lui arracher cette promesse que
pas une goutte de sang ne serait versée en Bretagne par suite de la conspiration de Cellamare...
Quatre têtes tombèrent pourtant sous le château
de Nantes... La femme dont je te parle n'en doit
point compte à Dieu, car ce fut un quadruple
assassinat...

Le front d'Isaure était penché tristement sur
sa poitrine.

— Pourquoi ne me parlez-vous plus de vous,
ma mère? demanda Céleste.

— Je te parle de moi, enfant, répondit la
comtesse Isaure en se redressant, fière et grave;
— je te parle des jours les plus laborieux de ma
vie... C'étaient quatre nobles têtes... Talhoët,
le compagnon de mon enfance; Malestroit; de
Poucallee, le vrai gentilhomme; du Couëdic, qui
mourut en baisant les pieds du crucifix... Longtemps je n'ai pu fermer les yeux sans voir leurs

fronts de martyrs... car c'était moi qui avais découvert au régent de France les intelligences de l'Espagne avec les gentilshommes bretons.

— Vous, ma mère?

— Pour toi, ma fille... Je ne m'en repens pas... Ces quatre têtes tombées ont épargné des milliers d'existences... Mais Dieu veuille, enfant, que tu n'approches jamais du trône, même pour bien faire... Il y a là des fatalités... Les souvenirs qu'on en garde ressemblent trop souvent à des remords.

Elle se tut.

Céleste n'osait plus l'interroger.

— Sur mon salut, reprit Isaure, sur toi, Marie, qui m'es chère presque autant que ma part de bonheur éternel, je jure que j'ai agi suivant ma conscience!

» En ce temps-là, ma fille, s'interrompit-elle, j'aurais pu être grande... je ne voulais être que mère... Déjà une fois ton berceau bien-aimé s'était mis entre la gloire et moi... déjà une fois j'avais montré ton sommeil souriant au fils de Louis XIV en lui disant : « Vous voyez bien que je ne peux pas être votre femme... » Au régent de France, je pus répondre encore : « Tout ce que je fais est pour ma fille!...»

» Ma fille! voilà la chère étoile qui m'a guidée.

Quand j'étais lasse et découragée, je me mettais à genoux... je parlais de toi à la Vierge et à Dieu...

» Tu me consolais de tout, Marie, ma bien-aimée, et, quand, après mes nuits de veille, je retrouvais dans quelque triste retraite mon malheureux, mon noble père privé de raison, ton nom prononcé me sauvait du désespoir.

» Ma fille! ma fille! je n'avais que cela, moi, c'était assez.

» Comment veux-tu que je te dise à quel point je t'aime, Marie, toi qui as été mon talisman et ma force!

» Tu pleures, enfant... N'est-ce pas que tu m'aimes bien, toi aussi ? »

Céleste n'avait plus de paroles; mais quelles paroles eussent pu remplacer l'éloquence de ses yeux inondés de larmes?

— J'ai bien travaillé, murmurait Isaure, faible en ce moment comme l'enfant qui était à ses pieds; — j'ai bien souffert! Mais qu'est-ce que cela, mon Dieu! pour l'heure délicieuse que votre bonté me donne? Marie! te voilà bien à moi... Nous ne nous séparerons plus.

— Est-ce vrai, cela, ma mère? s'écria Céleste, qui eut un sourire radieux au travers de ses pleurs.

Isaure lissait de la main ses beaux cheveux dénoués et l'adorait en silence.

— Que je te dise! reprit-elle avec ce ton naïf et heureux des mères penchées sur le berceau chéri qui contient tout leur cœur; que je te dise tout ce que j'ai fait pour toi, Marie... ou pour moi plutôt, mon bien-aimé trésor... Oh! il fallait combattre, va! tout était contre nous. A Paris, j'étais donc la baronne de Saint-Elme, poursuivie par mille haines et soutenue seulement par le capricieux engouement du Régent... A Rennes, j'étais la comtesse Isaure, parce qu'il me fallait savoir le fort et le faible de ces myriades d'intrigues qui se croisent autour du parlement, parce qu'il me fallait de l'or et des partisans, parce que, enfin, en travaillant pour toi, je voulais bien sauver notre pauvre et vaillante Bretagne entraînée à sa perte... Dans la forêt, j'étais Valentine de Rohan, ou plutôt je portais un autre nom mystérieux et terrible qui me faisait la reine des sauvages habitants de ces cavernes : il me fallait une armée... Sur l'ancien domaine de mes pères, enfin, j'étais la Sorcière, afin de tracer autour de la retraite où je cachais mon père proscrit un cercle mystérieux et infranchissable...

Céleste était comme éperdue.

— Mon Dieu ! mon Dieu ! fit-elle. — Et tu as
pu faire tout cela sans mourir à la peine, ma
mère, ma pauvre mère !

Puis, emportée par l'élan de son admiration :

— Ma noble mère ! ma sainte mère ! ajouta-
t-elle.

— Je te dis que je pensais à toi ! fit doucement madame Isaure.

— Et moi qui ne savais pas ! s'écria la jeune
fille ; — et moi qui pleurais ma misère !

— Oh ! reprit la comtesse, j'aurais donné de
mon sang, Marie, pour chacune de tes larmes...
je savais, jour par jour, ce que tu faisais et ce
que tu souffrais... Moi aussi, j'ai accusé Dieu,
dont la main, à mon gré, n'allait pas assez
vite... Le temps passait... Une crainte grandis-
sait en moi... Alain Polduc pouvait découvrir ta
naissance !...

— Mais pourquoi tant de travaux, ma mère?
ne put s'empêcher de dire Céleste ; pourquoi ne
pas me prendre avec vous ?... Nous aurions fui
dans quelque retraite ignorée... nous aurions caché notre bonheur...

Elle s'interrompit, confuse et presque effrayée. Elle ne reconnaissait plus le regard
de sa mère.

Celle-ci lui mit la main sur le front. — Sa

physionomie, qui était devenue sévère, s'éclaira
tout à coup. — Elle eut un grave et doux sourire.

— Marie, prononça-t-elle lentement, nous ne
pouvons pas fuir... nous ne pouvons pas être
heureux ailleurs que dans la maison des ancêtres... Tu comprendras cela quelque jour : nous
sommes les Rohan !...

XII

— Les otages —

A ces dernières paroles, le joli visage de Céleste prit une expression de fierté.

— Je le comprends déjà, ma mère, répondit-elle ; nous sommes les Rohan... Je vous demande grâce pour ce que je viens de dire.

Le sang des chevaliers s'éveillait-il déjà dans ses veines ?

— Chère !... chère enfant ! murmura la comtesse Isaure ; le ciel clément se venge de nos murmures en nous couvrant de bienfaits... Tu vas naître à la vie nouvelle... Depuis une minute, c'est le cœur de tes pères qui bat dans ta poi-

trine... vois et admire ! L'heure de notre victoire
a sonné au moment même où Polduc allait te
perdre... Cette nuit, tu devais être enlevée...

— Cette nuit ! répéta Céleste, qui eut un frisson.

— Cette nuit, qui précède le grand jour, reprit
Isaure ; tout nous arrive à la fois. Toulouse est
gouverneur, Toulouse, qui me doit deux fois la
vie... La princesse, pauvre femme abusée, a essayé contre moi un outrage public qui tourne à
ma gloire... Nos ennemis sont ici, sous cette
voûte, en mon pouvoir... Ils avaient fixé à demain le dénoûment de leur œuvre inique ; demain, nous serons là, fortes et assurées de vaincre... Que nous manquait-il, en effet ? les preuves
de cette double naissance, le témoignage éblouis-
sant que Raoul est le fils de César comme tu es,
toi, la fille de Valentine... Eh bien, hier, entends
cela, Marie, hier, le comte Guy de Rohan, à qui
Dieu avait pris la raison depuis bientôt quinze
années, hier, le comte Guy a reconnu sa fille...
Un travail s'est fait en lui... les ténèbres qui
voilaient son esprit se sont déchirées... il a dit
en me baisant sur le front : « Valentine, tu me
conduiras à la tombe de mon fils César... Valentine, je te bénis, pardonne-moi ! »

» Rohan parlera ! s'interrompit-elle avec une

soudaine chaleur ; Rohan l'a promis... Et, quand
Rohan viendra dire : « Celui-ci est le fils que j'ai
maudit... celle-là est la fille de ma fille que j'ai
chassée, qui osera douter de la parole de Rohan ?»

Il y eut un silence. Madame Isaure se recueil-
lait en elle-même, et Céleste, accablée, perdue,
éblouie, cherchait à voir clair dans la confusion
de ses pensées.

— Mais, demanda-t-elle pourtant tout à coup,
mon père?... vous ne m'avez pas parlé de mon
père !

Un nuage vint assombrir le beau visage d'I-
saure.

— La première personne que tu verras cette
nuit, Marie, répliqua-t-elle d'une voix changée,
ce sera ton père.

Céleste baissa les yeux sous son regard.

— Quoi qu'il arrive, acheva la comtesse
Isaure d'un ton de grave autorité, souviens-toi
que tu lui dois respect et amour !

———

A ce moment même, Yaumi introduisait don
Martin Blas dans une sorte de boyau latéral à la
chambre du conseil, et qui se terminait par un

monceau de roches. Yaumi grimpa sur ces roches, qui semblaient jetées là au hasard. Il appuya son épaule contre la paroi de la grotte, qui céda sous son effort.

Martin Blas l'avait suivi.

Il vit un second couloir plongé dans une obscurité profonde, mais sur lequel donnait la porte d'une chambre éclairée.

Yaumi le fit passer devant et lui dit :

— Elles sont là.

Martin Blas se trouva seul dans le couloir.

Il avança. Deux voix de femmes arrivaient jusqu'à lui.

Son cœur battait violemment.

C'était de colère et de haine; car il n'y avait en lui à cette heure que des pensées de vengeance.

Mais cette haine et cette colère étaient encore de l'amour.

En arrivant en face de la porte, il vit le groupe formé par la mère et la fille, groupe charmant, car ces deux têtes avaient comme une auréole de douces larmes et de sourires.

Il appuya ses deux mains contre sa poitrine haletante.

C'était sa femme et c'était sa fille.

La femme qu'il avait adorée, l'enfant vers qui s'élançait toute son âme.

Que de bonheur réuni là, sous sa main ! quel précieux trésor auquel il lui était interdit de toucher !

Elles étaient belles.

La lumière de la lampe jouait à leurs fronts, qui se touchaient.

Martin Blas fut obligé de chercher un appui contre la paroi de la galerie. Ses jambes pliaient sous le poids de son corps.

Cette belle jeune fille, c'était cet ange blond qu'il baisait autrefois dans le mystérieux berceau au-dessus duquel veillait Valentine attentive et souriante.

Les jours lointains renaissaient. Il souffrait. Il eût voulu mourir.

Le bruit qu'il fit en touchant la paroi du corridor souterrain éveilla l'attention de madame Isaure, qui se leva brusquement.

— Entrez, dit-elle, entrez, monsieur de Saint-Mangon; je vous attends.

Saint-Mangon vit un défi dans ces paroles; il se redressa de sa hauteur.

— Marie, ajoutait cependant la comtesse Isaure, levez-vous, et saluez votre père.

Saint-Mangon entra, la pâleur au front et les sourcils froncés.

Céleste jeta sur lui un regard timide.

Elle le reconnut pour l'homme qui avait insulté sa mère dans le salon du présidial.

— Lui! s'écria-t-elle, lui, mon père!

Elle s'enfuit à l'autre bout de la cellule et couvrit son visage de ses mains.

Saint-Mangon eut un sourire amer.

— Vous l'avez prévenue, dit-il, je m'y attendais... mais c'est à mon tour maintenant, et je veux que ma fille soit juge entre sa mère coupable et son père déshonoré!

Yaumi était revenu dans la salle du conseil, auprès de l'intendant et du sénéchal.

Pour gagner l'entrée de la Fosse-aux-Loups, il fallait traverser la grande galerie où les paysans de la forêt célébraient leur victoire.

Le joli sabotier n'avait plus cet air fanfaron et goguenard que nous lui connaissons. Sa tête pendait sur sa poitrine, et l'ardent éclat de ses yeux disait seul quelle énergie restait en lui.

— Est-ce que tu as peur, l'ami? lui demanda Polduc.

— Non, répliqua le joli sabotier froidement; je joue ma vie sur une carte, voilà tout!

— Et les nôtres?... fit Achille-Musée.

— Les vôtres?... répéta Yaumi; j'ai besoin de vous... sans cela... Allons! mes braves seigneurs, s'interrompit-il, nous n'avons pas le

temps de causer...Ferez-vous ce que je vous ai
dit ?

— Nous le ferons, répondirent le beau-père
et le gendre.

— Toi, ajouta Polduc, souviens-toi seulement
de ta promesse !

— En route, commanda le joli sabotier, et
tâchez de vous conduire commé des hommes le
long du chemin !

Il entra le premier dans la galerie.

Sa présence fut saluée par une grande accla-
mation.

Ce n'était pas un homme ordinaire que ce
Yaumi. Les Loups avaient grande confiance en
son intelligence et en sa résolution. Il avait là de
nombreux et chauds partisans.

— Le joli sabotier ! le joli sabotier ! s'écria-
t-on ; un coup à sa santé, les gars et les filles !

La danse s'arrêta ; on fit circuler les cruches
d'eau-de-vie et les pichés de cidre. L'intendant
et le sénéchal étaient l'objet d'attentions qui ne
les rassuraient point trop. Polduc faisait cependant bonne contenance ; mais Achille-Musée commençait à trouver le trajet long.

Ils n'étaient encore qu'aux premiers pas.

— A ta santé, cousin Yaumi ! cria Josille, qui
ne tenait plus guère sur ses jambes.

Le voyageur Julot avait fait conquête d'une Catiche et d'une Scolastique qu'il promenait fièrement des deux bras.

— Qu'est-ce que tu veux donc faire de ces deux museaux-là, cousin Yaumi? demanda-t-il en passant.

— Tais ton bec, répliqua le joli sabotier, ou gare dessous !

— Ne les irritez pas, murmura Polduc à son oreille.

— Je sais comment les prendre, répondit Yaumi; le danger n'est pas pour à présent. Buvez, dansez, mes enfants, reprit-il tout haut; moi, je travaille pour vous.

— Et que fais-tu pour nous, comme ça, les mains dans tes poches, cousin Yaumi? demanda-t-on de toutes parts.

— M'est avis, ajouta le vieux métayer Jouachin, que ces deux-là qui sont avec toi ne travaillent pas souvent pour le pauvre monde.

Puis d'autres :

— Garde-les bien toujours, Yaumi... Ça vaut de l'argent plus gros que toi !

Un grand gars qu'on avait tiré cette nuit de la prison de la petite Motte, où il était au cachot pour avoir assommé un receveur de tailles, vint allumer sa pipe à celle du joli sabotier.

— Vous ne dansez pas un rigodon avec nous, monsieur l'intendant ? demanda-t-il.

— Mon brave, balbutia Achille-Musée, mon âge...

Il fallait qu'il fût bien bas pour faire montre ainsi des années qu'il avait de trop.

— Va inviter M. le sénéchal, Javotte !

— Fanchon, fais sauter M. l'intendant !

Malgré ces cris qui allaient se croisant de toutes parts, entremêlés de longs éclats de rire, nul n'apportait obstacle à la marche de nos trois associés. Tout se bornait à du bruit jusqu'à présent.

Sans faire semblant de rien, Yaumi descendait toujours et gagnait du terrain.

Il était bien à moitié chemin de l'entrée de la fosse.

L'idée n'était venue à personne qu'il voulût faire évader les deux prisonniers.

Tout en marchant, le joli sabotier se livrait à un manége que le gros de la foule ne remarquait point.

Chaque fois qu'il apercevait dans la presse un de ces gars à tous crins que nous avons caractérisés déjà en les nommant ses gardes du corps, il portait négligemment l'index de sa main droite au coin de sa bouche.

Le gars fendait aussitôt la foule et venait à l'ordre.

Il en rassembla ainsi une demi-douzaine. Les autres se perdaient dans les groupes et ne le voyaient point.

Le joli sabotier, à ce qu'il paraît, pensait avoir besoin de tout son monde, car il faisait effort pour voir par-dessus les têtes. Malheureusement, il était court sur jambes et trapu.

Sur son passage, derrière un pilier, Grincette, accroupie par terre, rongeait des noix auprès d'une tasse d'eau-de-vie à demi pleine.

Yaumi siffla doucement sans la regarder. La petite fille tressaillit et dressa la tête comme une couleuvre qui s'éveille.

Sans qu'il y eût d'autre communication visible entre elle et son maître, elle ôta ses sabots et se glissa dans la foule.

L'instant d'après, les âmes damnées du joli sabotier étaient au grand complet autour de lui.

La danse avait repris partiellement. Yaumi gagnait toujours du terrain. Il n'était plus guère qu'à vingt-cinq pas de l'entrée.

— Oh çà! lui cria dame Michou comme il passait devant la porte de la cuisine, te voilà en bonne compagnie, sabotier!... Leur as-tu bien dit, à ces gueux, qu'une fois entré à la

Fosse-aux-Loups, on n'en sortait plus que les pieds devant?

— J'ai fait à ma fantaisie, bonne femme, répondit Yaumi.

Dame Michou avait peut-être caressé trop souvent son écuelle, cette nuit, pour se tenir éveillée. La vue de son ancien antagoniste Alain Polduc ranima en elle tout un monde de rancunes.

— Entends-tu, traître coquin? reprit-elle en sortant de son antre pour mettre son poing tremblant sous le nez du sénéchal, — tu ne sortiras pas vivant d'ici, c'est moi qui te le dis!

Polduc était plus pâle qu'un mort.

Quant au séduisant Achille-Musée, il grelottait la fièvre.

Magloire, qui avait été obligé de quitter ses habits volés pour prendre le costume simple et traditionnel des fourniers, aperçut à son tour le beau-père et le gendre.

— Ah! Jésus-Dieu! s'écria-t-il de sa voix la plus perçante, voilà les deux qui sont la cause de tous mes malheurs!... C'est les plus pervers de tous les vieux scélérats!... Qu'ils ont séduit ma jeunesse sans expérience avec des liqueurs fortes!... Laissez voir, bonne dame, je vas me revenger sur le plus ancien!...

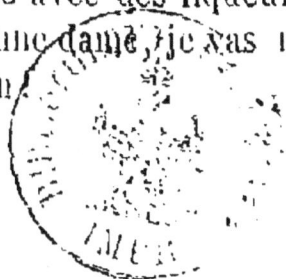

Ce disant, il porta sa pelle à fourner dans les yeux de l'intendant, qui se rejeta en arrière en poussant des cris de paon.

Yaumi, furieux de voir sa marche arrêtée pour si peu, voulut saisir Magloire au collet; mais Michou se mit bravement entre deux.

— Il est à moi, dit-elle, je te défends d'y toucher!

Nous savons que dame Michou Guitan était une gaillarde.

Depuis qu'elle demeurait à la Fosse-aux-Loups, ses moustaches avaient allongé de moitié.

— Place, bonne femme! dit Yaumi, que l'inquiétude prenait.

Michou le regarda de travers.

— Place! répéta-t-elle; — et pour aller où, par là, mon bonhomme?

— Il veut les faire évader, dit Magloire au hasard.

Michou devint écarlate. Elle fit un pas, non point en arrière, mais en avant. Ainsi campée, elle barrait complétement le passage.

— Mauvais! mauvais! pensa le sénéchal.

— Nous sommes perdus, monsieur mon gendre! soupira Achille-Musée d'un ton de désolation.

C'était presque l'avis du cousin Yaumi.

— Au diable ! mégère ! s'écria-t-il en fureur ; le dois-je des comptes ?

En même temps, il la poussa rudement de côté.

Un long et sourd murmure s'éleva parmi les assistants.

On entendit cent voix qui répétaient :

— C'est la mère de Josselin Guitan !

Et de proche en proche le murmure alla grondant et grossissant d'une extrémité à l'autre de l'immense galerie.

— Oui, s'écria la vieille femme en élevant le ton, on a frappé la mère de Josselin Guitan, parce qu'elle devinait une trahison... A l'aide, les Bretons ! à l'aide !

La cohue se précipita aussitôt de haut en bas.

— En avant ! cria Yaumi à ses braves. — En avant !

Le sénéchal et l'intendant se pressèrent contre lui.

Les gardes du corps de Yaumi firent une trouée en un clin d'œil, et nos trois associés gagnèrent l'issue presque d'un bond.

Magloire eut cependant le temps de donner à M. l'intendant un maître coup de pelle sur la nuque. Il s'en vanta le restant de sa vie.

La pierre qui formait porte fut ouverte. Yaumi

poussa dehors le gendre et le beau-père en disant :

— Il y a des chevaux sous la chaussée...
Ventre à terre ! et malheur à vous, si vous me
trahissez !...

La pierre retomba. L'intendant et le sénéchal
étaient dehors.

Il serait impossible de peindre le tumulte qui
succéda à cet acte de violence. Ces gens aux trois
quarts ivres, et dont le plus grand nombre igno-
rait ce qui venait de se passer, s'élançaient tous
à la fois des profondeurs de la galerie pour voir
et pour savoir. Le biniou et la bombarde se tai-
saient, les chants avaient cessé. Un grondement
semblable au tonnerre emplissait la caverne.

Ceux qui savaient et ceux qui ne savaient pas
criaient tous ensemble. Les uns accusaient
Yaumi, les autres le défendaient.

On parlait bien de trahison au hasard, car ce
mot plane au-dessus de tout tapage dans une caverne de révoltés ; mais le grief principal semblait être le coup porté à dame Michou Guilan.

Dame Michou avait été femme de confiance du
comte Guy, et nul n'avait oublié de quel cœur
elle servait les intérêts des tenanciers en détresse. C'était elle qui, ce fameux jour de la
Saint-Jean, — *le dernier jour*, — avait obtenu

de Rohan qu'il rendit à ses pauvres vassaux la moitié de leurs redevances.

Toucher à dame Michou, c'était presque toucher à la mémoire vénérée de Rohan.

Yaumi entendait tout ce fracas de menaces et de clameurs. Il restait auprès de la pierre pour donner le temps aux fugitifs de gagner la chaussée du Muys.

Le plus fort était fait. Yaumi n'avait pas peur. C'était dans ces bagarres qu'il avait conquis son autorité par son sang-froid et sa force supérieure. Il se croyait bien sûr de dominer tout ce tumulte.

Mais tout à coup un cri nouveau et plus nourri se fit jour.

Yaumi entendit qu'on disait :

— Le voilà ! le voilà !

Il se retourna.

Josselin Guitan était là qui embrassait sa mère.

XIII

— La Louve. —

Le joli sabotier pâlit.

— Salut, Josse, mon garçon ! dit-il pourtant ; tu pourrais rendre service à ta bonne femme de mère en lui conseillant de se mêler de ce qui la regarde... Je l'ai brusquée tout à l'heure en passant, et j'en ai regret, parce qu'il faut toujours avoir égard aux anciens... Mais il ne faut pas non plus que les vieilles femmes empêchent la besogne des hommes de se faire.

Josselin Guitan quitta sa mère et vint se mettre en face de Yaumi.

— Quelle besogne faisais-tu? demanda-t-il d'un ton froid et sévère.

— Quant à cela, répliqua le joli sabotier, nous n'avons pas à nous disputer, mon gars Josse; je commande ici, pas vrai? je n'ai de conseil à demander à personne.

Il jeta un regard autour de lui pour chercher de l'approbation.

Le noyau des coquins qui l'entouraient lui fit fête et une dizaine d'ivrognes se joignirent à eux.

Josselin ne buvait jamais.

Mais le gros des Loups restait déjà silencieux et attentif.

C'était un procès qui allait se faire. Yaumi vit cela et ne trembla point. En fait de plaidoiries, il avait fait ses preuves.

Les Loups s'étaient laissé prendre cent fois à sa sauvage éloquence.

— Tu commandes ici à la condition d'obéir, répondit Josselin Guitan, — puisque le domaine de Rohan est maintenant sous terre. Tu as des avis à demander et des comptes à rendre. Regarde-moi bien, Yaumi... Je ne te parle pas de ce que tu as fait à ma mere... Je te dis : Yaumi, tu es un traître, et je vais t'attendre à la chambre du conseil !

Il tourna le dos, fendant la foule, qui s'écartait avec respect.

Tout en se dirigeant vers l'autre bout de la galerie, il choisissait les juges qui, tout à l'heure, allaient prononcer entre lui et Yaumi. Chaque fois qu'il prononçait un nom, le Loup désigné se mettait à sa suite.

Il avait droit d'en prendre sept. Un droit pareil appartenait à l'accusé.

Yaumi hésita un instant. Au moment où Josselin tournait le dos, on vit le couteau du joli sabotier sortir à demi de sa gaîne.

Mais l'aspect de la foule l'arrêta. La foule n'était pas avec lui.

— Il faut que je les prêche ! pensa-t-il ; sans cela, je suis perdu !

Le temps passait, du reste, et gagner du temps, c'était tout ; car Yaumi comptait sur le terrible coup de théâtre qu'il avait préparé en favorisant la fuite de l'intendant et du sénéchal.

Il se mit donc en marche à son tour, appelant à droite et à gauche ceux qu'il instituait ses jurés.

Josselin était déjà dans la chambre du conseil. Ses sept arbitres s'asseyaient sur leurs billots, à droite de la draperie d'argent.

Ceux de Yaumi prirent place à gauche.

La niche voilée se trouvait ainsi au centre.

C'était la coutume et c'était un symbole. Le tribunal des quatorze était censé présidé par la Louve en personne, derrière la draperie.

La foule pénétra dans la chambre du conseil, derrière Yaumi, et ceux qui ne purent entrer se massèrent dans la galerie.

Josselin et Yaumi se placèrent debout en face l'un de l'autre comme deux lutteurs.

— De quoi m'accuses-tu, Josselin Guitan? demanda Yaumi.

— Je t'accuse, répondit celui-ci, d'avoir trahi la Bretagne et tes frères.

Dans ces grottes tout à l'heure si bruyantes, vous eussiez entendu la souris courir.

Yaumi haussa les épaules, comme s'il n'eût point daigné répondre à cette inculpation trop vague.

— Et que demandes-tu? interrogea-t-il d'un air provoquant.

— Ta mort! répliqua le fils de dame Guitan au milieu du plus profond silence.

— Tu te souviens que, chez nous, dit le joli sabotier sans perdre son assurance, le faux accusateur paye pour l'accusé innocent?

— Je m'en souviens.

— La mort que tu demandes pour moi, tu l'acceptes pour toi?

— Je l'accepte.

— Parle donc, mon gars Josselin... je ne suis pas si méchant que toi ; je te promets qu'on te fera grâce.

Il y eut un petit mouvement dans le cercle qui entourait le tribunal. Ce mouvement était en faveur de Yaumi.

— Tu as trahi, reprit cependant Josselin ; nous avions ici deux otages, tu les as mis en liberté.

—Nos vrais otages, répliqua Yaumi, c'étaient le comte de Toulouse, gouverneur de Bretagne, et la princesse sa femme... ce n'est pas moi qui les ai mis en liberté.

Un second murmure plus marqué prouva qu'il avait encore touché juste.

— Tu as trahi, poursuivit Josselin ; ces deux otages dont je te parle, Alain Polduc, sénéchal de Bretagne, et Feydeau, intendant pour le roi, avaient été confiés à ta garde par celle à qui nous obéissons tous... C'est moi qui t'avais transmis ses ordres.

D'un regard rapide, Yaumi fit le tour du cercle.

Sans prononcer aucun nom, Josselin Guitan venait d'invoquer un invisible et suprême arbitre. Il avait fait allusion au chef mystérieux

dont la pensée seule inspirait la vénération et
l'effroi.

C'était là le *noli tangere*, l'arche sainte qu'il
n'était pas même permis d'effleurer.

Mais c'était aussi, ou jamais, le moment de
porter le premier coup de marteau à l'idole.

Le joli sabotier fit un pas vers l'intérieur de
l'enceinte..

Sa pose prit de l'ampleur, son accent de la solennité.

— Trève de tromperies, Josselin Guitan! s'é-
cria-t-il; je t'aurais laissé en repos par respect
pour nos défunts maîtres, qui t'aimaient, par pitié pour les cheveux blancs de ta vieille mère.
Mais tu as comblé la mesure, mon homme, et
c'est moi, vous entendez, vous autres? c'est moi
qui t'accuse maintenant devant tous, et qui le
dis: Josselin Guitan, tu as trahi la Bretagne et
tes frères.

— Silence! silence! fit-on de toutes parts.
Chaque poitrine retenait son souffle.

—Écoutez-moi bien, mes enfants et mes amis,
poursuivit le joli sabotier, qui était, quand il voulait, un terrible orateur; en voici un qui nous
fait agir depuis dix ans comme une troupe de
marionnettes... Il s'est dit: « Ce sont des esprits
simples et grossiers, de pauvres paysans: je vais

les tromper et me faire leur maître... J'aurai derrière le rideau je ne sais quel fantôme dont je ferai pour eux un épouvantail... la Louve...»

À ce nom, la foule frémit, et Yaumi le sentit bien ; mais il avait brûlé ses vaisseaux.

— La Louve ! répéta-t-il en élevant la voix.

— Vas-tu insulter Rohan ? s'écria le vieux Jouachin, qui était parmi les juges.

— Laissez, laissez dire ! ordonna Josselin Guitan.

Et la foule, déjà gagnée à demi peut-être, répéta :

— Laissez dire !

Elle avait peur, la foule ; mais ces émotions lui sont chères. Elle attendait quelque grand événement. Son cœur sautait, son cœur qui battait dans mille poitrines. Nous disons vrai : la foule aime mieux encore frémir que boire et que danser.

— La Louve ! répéta pour la troisième fois le sabotier, enhardi par son succès ; car, en définitive, ce nom redouté n'avait point fait crouler les voûtes de la caverne. — Voulez-vous me croire ? poursuivit-il ; si la fille de Rohan existait, pensez-vous qu'elle eût protégé Toulouse, qui a fait mourir son père en exil ?...

— Non, non ! fit-on de toutes parts.

— Pensez-vous qu'elle eût laissé depuis dix ans Alain Polduc dans le manoir de ses aïeux?

— Non! non!...

— Pensez-vous qu'elle eût passé dix années sans se montrer à ses vassaux et à ses serviteurs?

— Non, non!

— Quand je vous disais que c'était un épouvantail, un fantôme, derrière lequel celui-là (il montrait Josselin) se cachait pour nous subjuguer d'abord, et puis pour nous vendre à la France... comme il nous aurait subjugués sans moi... comme, sans moi, il nous aurait vendus!

— Réponds, Josselin Guitan, réponds! s'écrièrent plusieurs voix.

Et, comme Josselin gardait le silence, les juges dirent aussi:

— Réponds!

La cause du joli sabotier était autant dire gagnée.

Cependant bien des regards se fixaient encore sur la draperie d'argent avec terreur.

Qu'y avait-il derrière ce voile qu'on ne pouvait toucher sous peine de la vie?

La pensée d'un miracle était dans tous les esprits.

Et chacun, sans y croire tout à fait, se repré-

sentait la grande figure de la Louve derrière
cette mystérieuse draperie.

Yaumi les connaissait. Il voulut frapper le coup
suprême.

— Lui, répondre! s'écria-t-il, je l'en défie!...
Dites-lui de vous montrer la Louve... Le temps
des mensonges est passé... J'ai mis mon talon
sur ses grands mots, j'ai soufflé sur son fantôme... Que reste-t-il?... Le voilà muet, le vé-
ritable traître... C'est moi, mes enfants, c'est
moi, mes amis, qui vais répondre à sa place...
c'est moi qui vais vous montrer ce que c'est que
la Louve...

— Misérable! s'écria Josselin, qui le vit faire
un pas vers la draperie.

Le sang s'arrêta dans toutes les veines.

Les quatorze juges se levèrent du même mouvement involontaire.

— La Louve, reprenait le sabotier avec des
éclats de voix insensés, car il s'était enivré de sa
propre parole, et l'effort qu'il faisait pour vaincre
sa terreur lui portait au cerveau,—la Louve!...
ah! ah! vous allez voir ce que c'est que la
Louve... un vieux fauteuil qui se moisit dans
une niche vide... ah! ah! regardez bien! voilà
que je touche le voile! regardez bien si la mort
me foudroie!

Son visage se marbrait de teintes rouges et livides. Il osait, mais l'épouvante faisait claquer ses dents.

D'un geste convulsif, il écarta violemment la draperie.

Les Loups virent ce qu'il avait annoncé : une niche vide avec un fauteuil antique.

Mais il ne regardèrent pas longtemps.

Une explosion se fit, personne n'aurait su dire où.

Tous les Loups tombèrent la face contre terre.

Quand ils se relevèrent à la voix de Josselin Guitan après un long silence, la draperie d'argent était refermée.

Yaumi seul ne se releva pas. La foudre l'avait frappé.

———

La stupeur profonde causée par cet événement régnait encore, lorsqu'une catastrophe nouvelle vint la secouer violemment.

Un bruit sourd et de nature inexplicable se faisait depuis quelques instants vers l'entrée des grottes. Des éclaireurs ayant été dépêchés vers la herse, une décharge eut lieu au dehors.

Le son s'en prolongea largement sous les voûtes, comme un solennel signal de mort.

Pour tous ceux qui étaient là, c'était la trompette du dernier jugement.

Le traître était puni, mais l'effet de la trahison vivait.

Deux des éclaireurs revinrent, et ils ne criaient point aux armes.

Les autres étaient restés morts derrière la herse.

— Laissons nos fusils et prenons nos rosaires, dirent les survivants ; — les soldats de Conti sont là qui bouchent avec des roches l'entrée de la Fosse-aux-Loups !. . . . .

. . . .

Pendant quelques minutes, ce fut un sombre silence, puis des cris de rage s'élevèrent.

Un flot impétueux se précipita vers la herse. Il n'était plus temps. La dernière roche venait d'être posée, bouchant la dernière fissure.

Derrière ce mur infranchissable, on entendait les rires cruels des soldats de Conti.

Vous eussiez dit alors un immense troupeau de bêtes fauves derrière les barreaux de fer de leur cage. Ils allaient tous et venaient sans sa-

voir, éprouvant machinalement de la main les
murs de leur prison, cherchant des issues nou-
velles et revenant toujours au point de départ
découragés, désespérés, fous.

Quelques-uns, pris par le délire, recommen-
çaient l'orgie.

D'autres, accroupis en cercle, se disaient les
uns aux autres, d'une voix lamentable, les hor-
reurs de la mort qui allait venir.

La mort par la faim dans ces ténèbres lourdes
et impénétrables, car les lampes allaient bientôt
s'éteindre comme les vivres bientôt s'user !

Les femmes pleuraient et se tordaient les
mains, ou poussaient d'extravagants éclats de
rire. On entendait des chants joyeux parmi le
concert des sanglots.

La folie est contagieuse. La folie montait à
tous les cerveaux.

Quelques-uns et quelques-unes, bien peu, s'é-
taient réunis autour de dame Michou Guitan, qui
priait à haute voix.

Une heure se passa, un siècle d'une horrible
longueur !

Il y avait des cheveux noirs qui avaient blanchi
durant cette heure. On voyait partout des yeux
caves et des joues creuses. Les jeunes gens cour-
baient leurs épaules comme des vieillards.

Je vous le dis : un siècle !

Quand dame Michou Guitan eut achevé de réciter son rosaire, elle se leva et vint dans la galerie.

— Dieu est bon, enfants, dit-elle ; — adressons-nous à Dieu d'abord.

Tous les genoux fléchirent.

Après une courte prière, la vieille Michou dit encore :

— Suivez-moi !

Elle se rendit dans la chambre du conseil, où Josselin n'était plus. — Yaumi, qu'on avait poussé dans un coin, donnait encore quelques signes de vie. — Mais personne ne le regardait seulement.

— Souvenez-vous, enfants..., reprit dame Michou Guitan. Autrefois, quand vous étiez dans la peine, à qui vous adressiez-vous après Dieu ?

— A Rohan, répondirent quelques voix.

— Mais, firent d'autres voix désolées, Rohan est mort... il ne peut plus nous entendre !

— Rohan ne meurt pas ! prononça gravement la vieille femme, qui semblait grandir au milieu de cette foule affaissée. Souvenez-vous encore... Quand Rohan était trop loin pour vous entendre, je venais à vous et je vous disais : « Enfants,

appelons tous ensemble, et que toutes nos voix
ne fassent qu'un seul cri ! »

— C'est vrai, cela ! murmuraient les pauvres
malheureux, comme des enfants dont le sourire
perce les larmes.

— Pourquoi ne ferions-nous pas comme autrefois ? poursuivit dame Michou Guilan ; — nous
avons prié Dieu, appelons nos maîtres !

Elle se plaça au centre du cercle, et, d'une
voix éclatante :

— Rohan ! fit-elle.

Un écho faible lui répondit.

— Rohan ! répéta-t-elle.

Quelques voix appuyèrent.

On avait éteint toutes les lampes, à l'exception
d'une seule pour ménager la lumière, presque
aussi nécessaire à la vie que le pain.

Une lueur sembla s'allumer derrière la draperie d'argent.

— Rohan ! appela dame Michou pour la troisième fois.

A ce coup, la foule tout entière se joignit à
elle, car l'espoir rentrait dans les cœurs par cette
voie du merveilleux, toujours ouverte dans les
imaginations bretonnes. Le nom de Rohan, répété
en chœur, fit trembler les voûtes.

Miracle ! la draperie s'ouvrit d'elle-même.

On vit, dans la niche éclairée, assise sur le trône antique et la main droite appuyée sur la grande épée du duc Pierre de Bretagne, une femme belle comme les madones de nos églises, dont le front radieux se couronne d'étoiles.

Elle avait sur ses épaules le long manteau d'hermine, le manteau ducal.

Les années remontaient-elles leur cours ? Chacun reconnut bien Valentine, belle et jeune comme au temps du bonheur...

Il n'y eut pas un genou qui ne fléchît, pas un front qui ne se courbât jusqu'à terre devant la toute-puissance de la Louve.

La Louve étendit la main silencieusement vers une ouverture qui se montrait à gauche du trône.

Personne n'avait jamais vu cette issue.

C'était la vie pour tous ces condamnés à mort.

Le secret des issues de la caverne appartenait à Rohan !

Et Rohan n'avait jamais manqué à l'appel de ses vassaux en détresse.

———

Une heure après, la Fosse-aux-Loups était une solitude.

Il y régnait un silence profond, interrompu seulement par une plainte sourde et périodique.

C'était le joli sabotier Yaumi, qui avait de la peine à rendre son dernier soupir.

Il avait essayé de se traîner hors de son coin pour suivre ses anciens compagnons, mais la force n'y était plus.

Le sort a des railleries cruelles pour les ambitieux de toute taille. Cette issue tant cherchée et dont la connaissance devait lui donner le pouvoir suprême, il la découvrait enfin, — mais à l'heure de mourir.

Comme il sentait venir déjà les premiers spasmes de l'agonie, il entendit un bruit de pas dans la galerie déserte, et un homme qui portait une lanterne à la main sortit de l'ombre d'un pilier. Il semblait se guider malaisément dans les détours de la caverne.

— Voici la chambre, se disait-il en tâchant d'éclairer les parois pour se reconnaître; voici la draperie... ils sont sortis par là... Que j'arrive seulement à l'air libre, et je prendrai ma revanche, dussé-je y périr!

Ce Yaumi n'était pas un moribond langoureux. Il avait pris son parti en philosophe.

— Hé! monsieur de Saint-Mangon! s'écriat-il du mieux qu'il put.

Martin Blas se retourna vivement en s'entendant appeler de ce nom.

Yaumi faisait un effort pour se mettre sur son séant. Martin Blas courut à lui et voulut panser sa plaie.

— Bien des remercîments, monsieur de Saint-Mangon, lui dit le joli sabotier; vous valez mieux que votre conduite, et je vais vous rendre un service avant de sauter le pas... une bonne action, ça aide à mourir...

Sa respiration commençait à siffler dans sa gorge.

— Dites-moi, s'interrompit-il, je me suis souvent moqué de ceux qui disaient des patenôtres... mais n'auriez-vous pas un bout de croix sur vous, par hasard?

— Non, répondit Martin Blas.

Puis, par réflexion :

— J'ai un reliquaire, murmura-t-il.

Une expression de joie naïve se répandit sur les traits du Loup à l'agonie.

— Prêtez-moi ça, dit-il vivement. — Ma défunte mère était une bonne chrétienne... Avec vos reliques et ses prières, j'irai en purgatoire.

Martin Blas lui tendit une boîte d'argent marquée d'une croix et fermée par un rond de cristal.

— Ah! ah! fit le joli sabotier, vous avez
gardé ça depuis seize ans !... Je l'ai vu autrefois
au cou de mademoiselle Valentine.

Et, comme l'Espagnol rougissait :

— Vous avez bien fait, reprit Yaumi en baisant le médaillon ; elle aussi est une sainte !

— Comment ! s'écria Martin Blas, c'est toi
qui me dis cela !

— Il y a un coquin sans entrailles qui ne mérite
point de pardon, répliqua Yaumi dont la voix
allait s'affaiblissant : c'est Alain Polduc... Alain
Polduc m'avait donné de l'argent pour vous mentir... Valentine de Rohan était pure comme les
anges de Dieu... et, le jour où vous l'avez surprise...

Il s'arrêta. Ses mains se crispèrent.

Martin Blas se pencha sur lui en retenant son
souffle.

— Eh bien ?... fit-il.

— Eh bien ..., acheva Yaumi dans un dernier
effort, le comte de Toulouse lui avait proposé sa
main... et votre femme avait montré le berceau
de l'enfant en disant : « Je suis mariée à
l'homme que j'aime... »

Sa tête retomba lourdement sur sa poitrine.
Cependant il put dire encore :

— Voilà... une bonne action, des reliques et

les prières de la pauvre vieille... avec ça, on peut
s'en tirer...

Il était mort. Morvan de Saint-Mangon restait
auprès de lui, immobile comme un homme atteint
par la foudre.

QUATRIÈME PARTIE.

VALENTINE DE ROHAN.

I

C'était par un de ces froids brouillards des matinées de mai qui font fleurir nos rustiques ajoncs de Bretagne. La brume ne s'élevait pas beaucoup au-dessus du sol. On voyait le ciel clair, et le soleil se jouait dans les cimes balancées des arbres, où verdissaient tendrement les jeunes feuilles.

Deux cavaliers suivaient au pas le sentier qui bordait la Vesvre en passant sous l'arcade du pont Joli.

L'un d'eux, qui était dans la force de l'âge, mon-

tait un bon cheval du Léon, robuste, sûr et trapu.
Vous l'eussiez reconnu aisément à son brillant
uniforme.

C'était le gai M. de Rieux, lieutenant-colonel
des chasseurs de Conti.

L'autre, beaucoup plus jeune, portait un riche
costume de gentilhomme. Il était beau, fier, et
semblait heureux de vivre. Sa monture était de
prix.

C'était notre ami Raoul, qui en avait vu de
toutes les couleurs depuis la veille.

— Ah çà! mon neveu, disait le vicomte de
Rieux, battons-nous la campagne?... tu as refusé
d'obéir aux ordres du major!...

— Absolument, mon cher colonel... Le major
m'ordonnait de murer l'entrée de la Fosse-aux-
Loups, ici près...

— Hum, hum!... toussa M. de Rieux.

C'était peut-être l'effet du brouillard ma-
tinal.

— J'ai répondu au major, poursuivit Raoul,
comme vous l'eussiez fait vous-même, j'en suis
sûr, que j'étais un soldat, et non point un
maçon...

— Bon, cela, mon neveu!

— Que je voulais bien pénétrer de vive force,
le pistolet au poing, dans le repaire des paysans

révoltés, et lui en rendre bon compte; mais qu'il me semblait indigne d'un soldat et d'un gentil-homme...

— Je connais la formule, interrompit de Rieux. Eh! eh!... parfait!... Et le major a muré tout de même?

— Après que j'ai eu brisé mon épée sur mon genou...

— Je connais le geste, interrompit encore M. de Rieux, railleur incorrigible; il faut avoir des gants de daim pour faire cela... autrement on se coupe... Et, dis-moi, qui donc avait enseigné l'entrée de la Fosse-aux-Loups à mon honoré major?

— J'ai vu l'intendant Feydeau et M. de Polduc arriver à cheval...

— Sur des chevaux à eux?

— Non... des petits chevaux de charbon-niers...

— Bien! bien! habitue-toi, neveu, à ne pas mettre les points sur les i avec moi... ça va plus vite... Après?

— Après, je suis revenu à Rennes.

— Et le gouverneur t'a fait appeler?

— A quatre heures du matin.

— Et puis?

— Et puis il m'a dit : « Colonel...»

— C'est donc bien la vérité?...

Raoul eut un petit mouvement de fierté impatiente.

— Au fait, cher monsieur Raoul, se reprit aussitôt M. le vicomte de Rieux, j'en use avec vous comme si vous étiez toujours mon petit cornette... Vous avez pris tous vos grades en vingt-quatre heures; c'est vif!... pardonnez-moi, je ne le ferai plus.

— Colonel! s'écria Raoul, vous êtes mon premier, mon plus cher protecteur... si vous changez de ton avec moi, je ne vous revois de ma vie.

Rieux lui tendit la main et la secoua rudement.

— Bon petit cœur! fit-il d'une voix attendrie.

Puis, réprimant ce mouvement:

— Donc, mon neveu, ajouta-t-il en riant, je te promets de me moquer de toi comme devant.

— A la bonne heure!... Où en étais-je?... Le gouverneur m'a dit:

» — Colonel...

» Moi, je l'interrompais déjà pour lui faire observer que je n'étais même plus capitaine...

» — Je sais, je sais, m'a-t-il répondu; vous avez agi en vrai chevalier, et je vous en loue, colonel. Madame la princesse a pensé que vous accepteriez de sa main le commandement du régiment de Flandre, dont elle a traité pour vous...

— Cette chère princesse, fit le vicomte.

— Moi, reprit Raoul, j'ai objecté que je n'avais pas un denier vaillant pour payer cette charge ; le gouverneur s'est pincé la lèvre et m'a répliqué avec hauteur :

» — Dans la maison d'où je sors, monsieur, et où madame de Toulouse est entrée, on a le droit de faire des cadeaux aux gentilshommes !

» Je me suis incliné profondément, et l'instant d'après, madame de Toulouse, avec une grâce enchanteresse, me remettait mon brevet de colonel du régiment de Flandre...»

Ils s'engageaient dans le chemin tournant et montueux qui côtoyait le tertre où notre ami Magloire avait eu une si belle peur. On voyait à la place où s'élevaient hier encore les ruines du moulin à vent une large clairière parmi les broussailles.

— Les échevins de Rennes, grommela M. de Rieux, payent une prime à ceux qui abattent les chiens enragés... Qui donc assommera une bonne fois ce lâche coquin ?

Un homme sortit des broussailles et traversa

la route. En passant, il souleva son chapeau de
paysan.

— Sera-ce, toi, Josse, mon brave gars? demanda de Rieux.

— Je suis en route pour cela, monsieur le
vicomte, répondit Josselin Guitan.

— Mon neveu, reprit tout à coup M. de
Rieux en s'arrêtant au beau milieu du chemin,
nous allons voir aujourd'hui d'étranges choses...
Je me suis cru longtemps un très-fin politique,
je confesse cela naïvement...Maintenant... maintenant je suis persuadé que les très-fins politiques
sont des ânes, et je renonce à faire partie de
leur confrérie... Nous vivons dans un temps où
tout arrive par ricochet... On part par le levant,
on atteint le ponant... Ainsi a fait notamment
M. du Maine, qui, parti pour le Louvre, va dé-
barquer un de ces jours à Pignerol ou bien à la
Bastille. La ligne droite est une invention des
vieux mathématiciens, et le seul moyen de décem-
ment se conduire est de mettre un bandeau sur
ses yeux, comme au jeu de colin-maillard, quand
on n'eut point la chance de naître aveugle...
Comprends-tu ce que je te dis là, mon neveu?

— Pas beaucoup, colonel.

— Tant mieux!... Te voilà colonel à vingt
ans pour avoir transgressé la loi militaire... Moi

qui te parle, j'ai été douze ans lieutenant-colonel, et je m'appelle Rieux.

— Le fait est..., commença Raoul.

— Tais-toi, neveu, interrompit le vicomte, tu vas dire une sottise... J'ai trouvé ce matin à mon chevet ma commission de brigadier des armées du roi... Je pense que c'est, d'abord, pour avoir chargé un étourdi comme toi de la garde des portes Mordelaises et, ensuite, pour avoir laissé prendre la ville de Rennes par un troupeau de coquins mal peignés, quand j'avais dix fois plus de bons garçons qu'il n'en fallait pour la défendre...

— C'est pour récompenser votre bravoure, votre loyauté si connue, dit Raoul, et permettez-moi, général, de vous féliciter...

— Bien! bien!... voilà des mots... Avançons, neveu... Je suis trop vieux, tu es trop jeune... toute l'histoire est là !

Il piqua son cheval, qui prit un gros trot retentissant, et demanda, comme pour briser là l'entretien.

— Qui t'a donné rendez-vous au château de Rohan ?

— Madame Isaure, répondit Raoul.

— Par lettre ?

— Par exprès... Je savais d'avance que je

devais vous rencontrer et me mettre sous vos
ordres.

— Et sais-tu aussi ce que nous allons faire au
manoir de Rohan ?

— Pas le moins du monde... Et vous ?

— Moi ! répliqua M. de Rieux retrouvant
sa gaieté un instant noyée dans les dissertations
ci-dessus ; je sais que nous allons rire, mon
neveu... Avançons !

Ils arrivaient au haut de la montée.

Au premier coude du chemin, ils se trouvèrent en face de ce bizarre faisceau de poivrières
qui, malgré les restaurations et changements mo-
dernes, constituait toujours le vieux manoir de
Rohan.

La pelouse était devant eux. A leur droite
s'étendait l'oseraie qui a joué un rôle au pro-
logue de cette histoire. Au-dessus de l'oseraie,
ils pouvaient apercevoir le profil du fameux balcon de granit.

Comme Raoul dirigeait la tête de son cheval
vers la grille, M. de Rieux lui dit :

— Ce n'est pas par là que nous entrons.

Raoul connaissait mieux l'autre chemin.

M. de Rieux et lui tournèrent l'oseraie et se
trouvèrent bientôt sur ce petit tertre, transformé
maintenant en parterre, où maître Alain Polduc

avait surpris autrefois Morvan de Saint-Mangon sortant de chez Valentine.

Raoul arrêta son cheval devant le balcon.

— Pied à terre, mon neveu ! commanda de Rieux.

— Et à l'assaut, n'est-ce pas ? fit Raoul en riant.

Il montrait du doigt la saillie de granit qu'il avait escaladée la veille au soir.

— Non pas à l'assaut, répliqua M. de Rieux, à la sape !

Les chevaux furent attachés dans l'oseraie.

Depuis qu'ils étaient autour du château, ils n'avaient aperçu âme qui vive. On eût dit que le manoir était abandonné.

La croisée du boudoir des demoiselles Feydeau restait seule ouverte, comme on l'avait laissée la veille.

Quand Raoul et M. de Rieux descendirent dans le fossé, les chiens de garde hurlèrent à l'intérieur des cours.

Ce fut tout. Personne ne se montra.

On se souvient peut-être que, la veille, au moment où elle rêvait sur le balcon après le départ des demoiselles Feydeau, Céleste avait été effrayée par une vision. — Elle avait cru voir deux formes sombres glisser sur le glacis et disparaître dans le fossé même, au pied des murailles.

C'était un homme de grande taille et une femme dont la tournure lui rappelait celle de la Meunière.

Nos deux compagnons se dirigèrent précisément vers l'endroit où la vision de Céleste avait disparu.

Il y avait là une petite poterne au ras du sol. M. de Rieux introduisit une clef dans la serrure ; la porte tourna sur ses gonds rouillés et laissa voir un escalier taillé dans la pierre.

— Entrez, mon neveu César, dit-il en se découvrant et d'une voix qui se faisait tout à coup triste et grave.

Raoul le regarda tout étonné.

— Entrez, vous dis-je, dans la maison de vos aïeux, répéta M. de Rieux, qui s'inclina : entrez, César de Rohan-Polduc !

Raoul eut un frémissement par tout le corps et devint pâle.

Il franchit le seuil.

De Rieux et lui descendirent l'escalier en silence.

Au bout d'une vingtaine de marches, leur pied rencontra le sol.

Ils étaient dans une grande salle souterraine,

voûtée en arceaux et formée d'une nef centrale entre deux rangs de bas côtés, comme une cathédrale.

La grandeur de ces Rohan était toute dans le passé.

Ils avaient, comme l'avait dit Josselin Guitau, leur domaine sous terre.

Le long des bas côtés, deux longues lignes de tombeaux en granit noir de Pen-March se rangeaient, portant chacun une ou deux statues couchées — la tête sur un coussin de marbre — les pieds appuyés contre le lévrier symbolique.

A la voûte, une lampe pendait par trois longues chaînes de fer.

M. de Rieux et Raoul, tous deux debout et découverts, restèrent un instant immobiles au milieu de la nef.

— Il paraît que nous sommes les premiers au rendez-vous, murmura le vicomte en regardant tout autour de lui.

Rien ne bougeait entre les deux perspectives de tombes alignées.

Raoul avait pris la main de de son brave compagnon.

— Vous venez de prononcer des paroles..., balbutia-t-il faisant de vains efforts pour réprimer son émotion, des paroles qui m'ont mis dans le cœur un grand deuil et un grand espoir... Au nom de Dieu ! vicomte, expliquez-vous !

— Il manque ici une tombe, neveu, répliqua M. de Rieux d'une voix brève et saccadée, car l'émotion le gagnait aussi ; neveu, c'est toi qui l'y mettras... Ton père dort dans le pauvre cimetière de Noyal... et il n'y a qu'une croix de bois sur sa sépulture.

— Mon père ! répéta Raoul ; dois-je croire... ?

— C'était mon ami, neveu... mon ami et mon cousin deux fois, par Rohan et par Combourg... La première fois que j'ai touché ta main, j'avais des larmes dans les yeux.

Raoul se jeta à son cou, et M. de Rieux le serra contre sa poitrine.

Puis, se dégageant brusquement :

— Oh ! fit-il, en voilà assez, petit !... Je crois que tu seras bon gentilhomme... Si tu devenais, comme bien d'autres, un coquin titré, ce serait dommage.

Il l'attira vers le bas côté qui prenait à droite de la porte.

— Regarde, reprit-il en montrant la première tombe, et réjouis-toi, si tu as de la gloriole... Voici la statue de saint Winoch, ton premier aïeul... La légende dit qu'il convertit le géant de Corseult, mon premier ancêtre... Il y a long-

temps, tu vois, que Rieux et Rohan sont cou-
sins... ce qui ne les a pas empêchés de se couper
la gorge en cinquante occasions.

C'est à peine si Raoul entendait, et, certes, il
ne comprenait point.

— Moi!... moi!... répétait-il sans savoir qu'il
parlait, moi!... l'héritier de Rohan !

Et tout ce qui lui était arrivé depuis deux
jours se peignait à son imagination avec une
sorte de violence soudaine. Ce roman si court,
avec ses péripéties redoublées et presque fou-
droyantes, lui apparaissait comme un rêve impossible.

Il y avait juste deux fois vingt-quatre heures
qu'il était parti de Rennes, pauvre, obscur, sans
nom, sans ressources.

La veille, la comtesse Isaure lui avait dit en
parlant d'une pauvre orpheline comme lui, humble comme lui, aussi pauvre que lui :

« Cela te portera bonheur de l'aimer ! »

Et le bonheur était venu, tous les bonheurs à
la fois, un déluge de bonheurs !

De l'or, des grades, un nom, tout ce qu'on
désire quand on n'a que la cape et l'épée,
qu'on est jeune et qu'on se noie dans les songes
fous !

Et par-dessus ces félicités accumulées, la plus

chère de toutes : l'amour heureux ! Céleste l'aimait, Céleste allait être à lui !

Si vous saviez comme ce bon petit Raoul avait
grande peur de s'éveiller !

Pendant qu'il se plongeait avec délices dans
sa triomphante rêverie, M. de Rieux le conduisait de tombe en tombe ; il lui disait les noms de
toutes ces nobles dames et de tous ces preux
chevaliers.

Ils étaient à peu près au centre du bas côté,
devant la tombe de ce Guiomar de Rohan qui
porta au roi Louis XI le défi de François de Bretagne dans le monastère du mont Saint-Michel,
lorsqu'ils tressaillirent tous deux, prêtant l'oreille
à une voix véritablement sépulcrale, qui partait
des sombres profondeurs de la colonnade.

Cette voix disait :

— Qui que vous soyez, venez-vous m'annoncer enfin que l'heure est sonnée ?

Raoul ouvrait la bouche pour interroger.

— Silence ! dit M. de Rieux ; c'est le comte
Guy, que Dieu a frappé de folie... le père de ton
père !

Raoul savait l'histoire de cette terrible nuit où
César de Rohan périt, écrasé par la malédiction
paternelle.

Son sang se glaça dans ses veines.

— Va-t-il passer, reprit la voix, va-t-il passer aujourd'hui, l'ennemi des Bretons?... va-t-il passer, Philippe d'Orléans, régent de France?

M. de Rieux et Raoul regardaient et ne voyaient rien.

Ils avancèrent encore.

Quand ils furent au bout de la colonnade, ils virent remuer faiblement la statue couchée sur la dernière tombe.

— Approchez, dit la voix, — et l'on voyait s'agiter les lèvres de la statue, — j'essaye la place où je serai demain...

Quand Raoul et M. de Rieux furent tout près du tombeau, ils reconnurent que la prétendue image couchée sur la pierre était un vieillard à longue barbe blanche dont la maigreur presque diaphane était effrayante à voir.

De Rieux se souvint que, longtemps avant les événements de notre récit, Rohan avait fait construire son mausolée, en tout semblable à celui de ses aïeux.

L'écusson de *gueules à neuf macles accolées*

d'or était en bosse dans le marbre du frontispice.

Le coussin d'un côté, de l'autre le lévrier couché, attendaient la statue.

Le vieillard se souleva sur le coude et regarda les nouveaux arrivants.

Ses yeux étaient ternes et fixes. Leurs orbites creuses et largement agrandies tenaient la moitié du visage.

— Tu es de Rieux, toi, dit-il au vicomte ; — ton père était un Breton... L'aptre... l'autre...

Il se prit à trembler, et l'on entendait ses pauvres os dégarnis de chair sonner contre la pierre de la tombe.

— L'autre..., balbutia-t-il ; — oh ! je le revois souvent !

Il se laissa retomber de son long.

Ses lèvres s'agitaient et murmuraient une prière en forme d'exorcisme.

Puis, tout à coup, sa folie arrivant à la traverse :

— Lequel de vous vient de la part d'Orléans ? fit-il avec un retour de vigueur ; a-t-il accepté mon cartel ?... Reste-t-il une goutte de sang chaud dans ses veines ?

— Mon noble cousin, dit M. de Rieux, nous allons vous reporter sur votre lit, afin que vous

preniez du repos... vous avez besoin de toutes
vos forces pour cette grande bataille...

Et, se tournant vers Raoul pétrifié par la stupeur, il ajouta :

— Dans une heure, cet homme sera mort.

II

— L'agonie de Rohan. —

Raoul avait eu des joies au-dessus même de ses désirs. Il apprenait maintenant à souffrir des angoisses inconnues. L'élément tragique entrait dans sa vie jusqu'alors si insoucieuse ; il ressentait pour la première fois ces profondes tristesses qui semblent inséparables de toutes grandeurs.

Cet homme avait tué son père et sa mère. — Cet homme était son aïeul.

Cet homme, si violemment frappé par la main de Dieu, ne pouvait faire naître en lui qu'un sentiment de respectueuse pitié, mais tout son être était bouleversé.

La tranquille quiétude de l'adolescent isolé sur la terre n'était plus. Raoul naissait à ces fatalités de famille. Le funeste passé de Rohan tombait sur ses épaules comme un fardeau accablant.

M. de Rieux avait pris le bras du vieillard et cherchait son pouls entre les deux ossements qui formaient son poignet.

Il songeait à Valentine, cette noble créature qui avait si vaillamment et si longtemps combattu; à Valentine, dont le suprême espoir allait être déçu au moment même de vaincre!

Valentine comptait sur ce mourant qui glissait déjà dans l'éternité.

La main du comte Guy, humide et glacée, retomba sur le marbre dès que de M. Rieux l'eut lâchée.

Il rouvrit les yeux au choc et parut étonné de voir quelqu'un auprès de lui.

— Ah! ah! fit-il, pourquoi m'éveiller de si grand matin? Entre-t-on en chasse avant que les lampes soient éteintes?... Faites venir Remi, le vieux Remi...

» Mais n'est-il point défunt? s'interrompit-il. Faites venir son fils... l'autre Remi... Je veux

qu'on quête aujourd'hui vers le fond de la Saugle... Et, s'il me rabat un ragot comme hier au
lieu du grand vieux sanglier de la Croix-Carrée,
je le chasse ! »

Son œil rencontra le regard consterné de
Raoul.

Ses traits flétris essayèrent un sourire.

— Vous voilà, César ? murmura-t-il ; — comment avez-vous passé la nuit ?... Et notre cher
trésor, Valentine ?... Donnez-moi votre main,
César.

Raoul tendit sa main. Quand le vieillard la
toucha, il eut un froid par tout le corps.

C'était le contact d'une pierre mouillée et
glacée.

Le vieillard l'attira contre lui et lui dit à l'o-
reille :

— J'ai rêvé que vous étiez mort, César... mon
pauvre enfant !... c'était moi qui vous avais tué...
Et j'avais vieilli de vingt ans !

» Chose étrange que les rêves ! s'interrompit-il
en fourrant ses mains froides sous le revers de
son pourpoint, car le frisson le tenait et ses dents
claquaient pendant qu'il parlait ; chose étrange !
j'ai vu cette nuit notre Valentine avec un petit
enfant dans ses bras... c'était sa fille. En même
temps, notre manoir s'écroulait, jetant de grands

nuages de poudre au-dessus des décombres... Et
la main d'un soudard de France broyait notre
écu entre deux roches... Une voix cependant répétait parmi ces ruines : « Rohan ne meurt pas!
Rohan ne meurt pas!... »

Ses yeux devinrent hagards, et il rejeta en
arrière sa tête qui rebondit sur le coussin de
marbre.

— Mais était-ce un rêve?... reprit-il à voix
basse; — pourquoi sommes-nous parmi ces
tombes?... César, mon fils, je vois bien que tu
as soulevé la pierre de ton sépulcre... Que me
veux-tu?...

Il ferma ses paupières bleuies.

C'était pitié de voir ce visage hâve et sans
chair, perdu dans les masses de cette grande
chevelure blanche.

— Mon noble cousin, dit M. de Rieux, ce sont
là de folles pensées... Je vous prie, ne voulez-
vous point réciter avec nous le *Pater* et l'*Ave?*...

La voix de l'agonisant était de plus en plus
faible et indistincte.

On l'entendit pourtant encore qui disait au
lieu de répondre :

— Noyal est loin d'ici... Pourquoi avez-vous
fait tout ce chemin, César?... Un mort peut-il
aller si loin de son cercueil?...

Son souffle commença à s'embarrasser dans sa gorge.

— Qui donc a dit : «Rohan ne meurt pas!...» fit-il avec un sourire amer; il n'y a sous ces voûtes que des Rohan et que des morts !

Il fit effort pour se mettre sur son séant, mais il ne put.

— Où êtes-vous? demanda-t-il.

On devinait encore sa pensée aux mouvements de ses lèvres, mais sa voix ne sortait plus.

Pendant une ou deux minutes, on vit bien qu'il luttait contre l'étreinte de la mort.

Rieux et Raoul se mirent tous deux à genoux.

Un grand soupir gonfla la poitrine du vieillard et une dernière fois sa voix s'éleva.

— S'il passe, prononça-t-il avec un suprême effort, s'il passe enfin aujourd'hui, cet homme... ce Français... le régent... dites-lui qu'il est un lâche et qu'il m'a fait attendre trop longtemps... Êtes-vous là?... Je ne vous vois plus...

— Nous sommes-là, répondit de Rieux.

— Dites-lui que je vais l'attendre encore... au pied du tribunal de Dieu !

Ses bras s'étendirent le long de son corps. Ses yeux aveuglés restèrent grands ouverts. Un silence funèbre régna sous les voûtes.

Une heure s'était écoulée. Le soleil se levait au dehors et chassait la brume vaincue.

Dans le caveau, les choses avaient changé d'aspect.

Le tombeau qui servait de couche mortuaire au dernier comte de Rohan était entouré de cierges allumés. Outre nos deux compagnons toujours agenouillés, il y avait une vieille femme et un prêtre qui récitait l'oraison funéraire. On avait jeté un linceul sur le corps.

La vieille femme était dame Michou Guitan. Le prêtre était le vicaire de Noyal-sur-Vilaine.

Tout ce monde était entré sans obstacle, parce que le manoir de Polduc avait été abandonné cette nuit-là même.

M. le sénéchal avait besoin pour aujourd'hui de tous ses serviteurs.

Le prêtre disait les versets; Rieux, Raoul et dame Michou entonnaient dévotement les répons.

C'était une scène lugubre, mais grandiose. Il y avait longtemps que Rohan proscrit n'avait eu tant de pompe autour de lui.

Tout à coup, au milieu de la monotone mélopée des psaumes latins, un cri se fit entendre et une femme échevelée se précipita dans le caveau.

Derrière elle, Josselin Guitan soutenait les pas chancelants d'une jeune fille.

Valentine de Rohan, c'était elle, traversa le
caveau d'un pas rapide et vint se mettre au devant du lit de mort de son père.

Elle posa sa main sur le cœur du vieillard.

— Vous avez trop tardé, madame, dit M. de
Rieux à voix basse.

Le prêtre leva la main et voulut continuer sa
prière ; mais Valentine lui imposa silence d'un
geste impérieux.

Elle approcha son visage tout contre celui du
cadavre et l'appela par son nom.

Chacun vit le cadavre tressaillir.

— Faites préparer des chevaux, mon cousin,
dit-elle à M. de Rieux ; il faut que mon père soit
à Rennes dans une heure !

Les assistants se regardèrent.

La force d'âme a des limites. — Valentine,
brisée par ce dernier coup, avait-elle perdu la
raison ?

Comme elle vit que M. de Rieux restait là,
bouche béante et la stupéfaction dans les yeux,
elle répéta froidement :

— Faites !

De Rieux se leva. Le corps avait repris son
immobilité.

— Il faudrait un miracle..., prononça tout bas
le prêtre.

Valentine répliqua d'un ton assuré :

— Dieu nous le doit :

Puis, tirant de Rieux à part.

— Nous avons remué les cendres du moulin, dit-elle, nous avons fouillé chaque pouce du sol... Les papiers ont été brûlés... Rohan seul peut faire foi... Il le faut... Je le veux !

Il y avait dans ses yeux un feu de fièvre ; mais sa voix était calme et sa main, qui serrait celle du vicomte, ne tremblait pas.

Certaines gens croient que la volonté humaine, chauffée par la passion et arrivée à son paroxysme, peut avoir une puissance surnaturelle.

En ce temps-là, cette puissance n'avait point de nom. De nos jours, le magnétisme produit des miracles.

Et qu'est le magnétisme, sinon le prodigieux rayonnement de la volonté ?

M. de Rieux s'inclina et sortit.

Quand il revint, le vieux comte était sur son séant. Valentine l'entourait de ses bras.

Il grelottait horriblement, et ses yeux blancs n'avaient plus de prunelle, mais il vivait.

Et cette âme revenue, qu'on avait été chercher jusque dans la mort, rentrait de force dans le cadavre. La lutte était poignante. De tous les fronts inclinés, l'épouvante tirait la sueur froide.

— Mon père, disait Valentine en le réchauffant de sa chaleur, en le ressuscitant de sa propre vie, mon père, ce n'est pas encore l'heure de mourir !

Le vieillard s'agitait sous son linceul. — Ses genoux se choquaient l'un contre l'autre et produisaient de sourds craquements.

Le mot de sacrilége était sur les lèvres du prêtre.

— Vivez, vivez, mon père, répétait Valentine acharnée à son œuvre, — je le veux ! je le veux !

Pendant une minute qui sembla longue comme un siècle, le comte Guy resta en quelque sorte en suspens entre la vie et la mort.

Puis la vie prit le dessus. Ses lèvres se desserrèrent : il respira.

Ses yeux reprirent un vague rayon.

— Je vois, dit-il.

Il ajouta presque aussitôt, car il avait la conscience de ce qui s'était passé :

— Me faudra-t-il mourir deux fois ?

Il avait raison. Dans cette trève courte ou longue que lui laissait la mort, il se retrouvait lui-même et aucun nuage ne couvrait plus sa pensée.

— Mon bien-aimé père, dit Valentine, regardez ces deux enfants qui sont là près de vous.

Elle avait prit Raoul et Céleste par la main. Ils étaient pâles tous deux et comme écrasés sous l'émotion de cette heure solennelle.

— Je les reconnais, murmura le comte Guy. — Voici mon fils... mais avais-je deux filles?

Le revers de sa main glissa sur son front lentement.

— Du repos! intercéda-t-il d'un air accablé, — par pitié, donnez-moi du repos!

— Vous aurez du repos, mon père, répliqua Valentine, —mais pas à présent... l'heure presse, et nous avons besoin de vous.

Le vieux comte ferma les yeux.

— Du repos, dit-il encore, je pourrais vivre... je sens cela, ma fille, si j'avais du silence et du repos!

— Ton flacon, Josselin! commanda Valentine.

Josselin Guitan avait sa gourde pleine d'eau-de-vie.

Valentine la prit et l'approcha des lèvres du vieillard, qui la repoussait de la main.

Rieux détourna la vue.

— Ayez compassion de lui, madame! s'écria Raoul.

— Ma mère, laisse-le! laisse-le! murmura
Céleste, que l'horreur faisait frissonner de la tête
aux pieds.

Le prêtre se signa.

Josselin restait immobile et muet.

La vieille Michou interrompit son rosaire pour
s'écrier :

— Courage, notre demoiselle! vos aïeux sont
là qui vous écoutent et qui vous regardent !

Valentine jeta la gourde et se mit à genoux
auprès du lit.

— Mon père, reprit-elle, le parlement est
assemblé... on nous attend... Celui-là n'est pas
César, car la terre ne rend pas sa proie après
quinze années. Celle-là n'est pas Valentine, et
Dieu veuille que son pauvre cœur ne soit jamais
torturé comme le mien l'est en cet instant!...
Celui-là est le fils de César; celle-là est la fille
de Valentine... Ils n'ont pas de nom, mon père...
Vous seul pouvez leur rendre ce qu'ils ont perdu
par vous...

— Que sont les choses de ce monde!... murmura le vieillard; et que ferait un Rohan sur
cette terre de Bretagne, qui est une province de
France !

— Mon père! mon père!... je suis à vos
pieds... j'implore...

—Laisse-moi vivre !... dit le comte Guy, dont les yeux agrandis suppliaient.

Elle lui saisit le bras. Ceux qui étaient là entendirent le vieillard qui balbutiait dans son profond affaissement :

— Veux-tu donc me tuer, ma fille?...

Un murmure s'échappa de toutes les poitrines.

Valentine se retourna impérieuse, inflexible.

— Éloignez-vous ! ordonna-t-elle ; je veux être seule avec mon père !

Michou Guitan saisit le prêtre, qui allait répliquer, et l'entraîna en disant :

— Celle-là est une sainte !

Les autres s'éloignèrent le cœur serré.

———

Valentine était restée seule auprès du vieillard.

— Regarde-moi, Rohan, dit-elle, moi que tu as chassée et maudite... moi qui étais innocente comme ton fils César, que tu as tué!... Regarde-moi, Rohan, j'ai sur le corps ces vêtements de paysanne que je porte pour veiller sur

toi depuis quinze ans et pour te protéger... Regarde-moi, Rohan, et réveille-toi... Tu as im-
molé ta propre race!... Hier, le fils de ton fils
n'avait pas d'asile... hier, la fille de ta fille était
servante de l'usurpateur... Tout cela pour toi...
Rohan!... Rohan!... tu as été un mauvais
père!...

— Grâce!... balbutia le vieillard.

— Grâce!... répéta Valentine, qui le cou-
vait de son regard brûlant; ils disaient cela autour de toi, tes vassaux agenouillés, tes serviteurs en larmes, le jour où tu condamnas ta
fille!

Le vieux comte se couvrit la face de ses
mains.

Valentine se pencha sur lui.

— Pas de grâce, Rohan! reprit-elle; ce mot
n'a pu t'échapper qu'en rêve, monseigneur! Tu
dors, éveille-toi!... Dieu donne à tous l'heure
de l'expiation : l'heure est venue. La Providence
permet que tu puisses ressusciter ta race... Debout, mon père!

Elle était tout contre le vieillard; son haleine
le brûlait.

Elle parlait bas, mais sa voix tranchait comme
une épée. Quelque chose d'ardent et d'enivrant
jaillissait de ses yeux.

— J'irai..., fit le comte Guy avec épuisement, j'irai... mais donne-moi le temps... je sens que je n'ai pas la force... Demain.

— C'est aujourd'hui, mon père... c'est à l'heure même !

— Que dirai-je ?

— La vérité.

— Ils ne me croiront pas, ma fille.

— Rohan n'a jamais menti, chacun sait cela. Quel parchemin vaut la parole de Rohan ? Tout dépend de vous.

Le vieillard essaya un mouvement léger.

— Je ne puis, fit-il accablé et paralysé ; — sur l'honneur de mon nom, je ne puis !

Valentine se tordit les mains.

— Nous sommes perdus ! fit-elle en inclinant sur sa poitrine sa belle tête découragée.

La vieille Michou Guitan vit cela ; les autres aussi...

Les autres eurent un poids de moins sur le cœur : la terrible bataille leur sembla finie.

Mais Michou s'écria :

— Courage, notre demoiselle !

Puis, se prosternant et baisant la terre :

— Seigneur Dieu ! reprit-elle avec l'élan passionné de son dévouement, je te promets un cierge plus gros que le chêne de Mi-Forêt !... dût

mon gars Josselin mendier par les routes!...
Bonne Vierge, Vierge Marie ! je ferai le pèleri-
nage de sainte Anne d'Auray, — et sainte Anne
fut votre mère, — à pied, pieds nus, sans manger ni boire autre chose que le pain de ma gibe-
cière et l'eau de ma gourde... Seigneur Dieu !
prenez mon sang, prenez ma vie !...

Elle s'interrompit pour achever, folle qu'elle
était :

— Donnez-moi cent ans de purgatoire, Seigneur Dieu, et que le fils de Rohan garde la
maison de ses pères !...

Le vieillard tourna la tête lentement. Valentine se redressa de son haut.

L'espoir renaissait dans son cœur.

Elle prit les deux mains du vieillard et les
baisa.

— Vous ne savez pas, mon bien-aimé père,
reprit-elle doucement, j'avais les preuves...
c'est par vous, c'est à cause de vous que je les
ai perdues... Elles étaient dans les ruines du
moulin, et, lorsqu'on y a mis le feu... me com-
prenez-vous, mon père ?

Rohan fit de la tête un signe affirmatif.

— Lorsqu'on y a mis le feu hier, poursuivit
Valentine, par ordre de ce misérable à qui vous
aviez donné autrefois toute votre confiance...

Alain Polduc... rien ne m'était plus aisé que d'aller querir le coffre où je les avais enfermées... mais il eût fallu vous abandonner un instant, mon père, tout seul, au milieu des flammes... et vous étiez déjà bien faible hier !...

— Aidez-moi, dit le comte Guy.

Valentine le prit à bras-le-corps en remerciant Dieu dans son âme.

— Ah !... fit-il en un long cri de détresse, je ne puis... je me meurs !

— Non, mon père, non !... s'écria Valentine en le serrant contre sa poitrine, tandis que son regard de flamme galvanisait son agonie. — La force revient... je le sens... le sentez-vous ?... Debout ! debout ! monseigneur !... Rohan ne sait pas mourir avant d'avoir fait son devoir !

Les pieds du comte Guy touchaient le sol. Il s'appuya un instant sur l'épaule de sa fille.

— Tu as raison, dit-il.

Puis, d'une voix distincte et haute :

— Qu'on selle mon cheval !

Il repoussa Valentine et passa sans chanceler au milieu des assistants stupéfaits.

On eût dit la marche d'un fantôme.

Il gagna ainsi les douves, où Josselin Guitan lui présenta l'étrier.

Le comte Guy se mit en selle droit et roide.

Tout le long du chemin, depuis le manoir jusqu'à Rennes, il tint la tête de la cavalcade.

III

— Roban ne meurt pas. —

Aussitôt que le comte de Toulouse connut les mesures extrêmes prises contre les paysans révoltés de la Fosse-aux-Loups, il fit partir un détachement de ses gardes, escorté par les sapeurs de la ville, avec ordre de déblayer l'entrée des grottes.

Il fit cela par humanité d'abord, car c'était un excellent et noble cœur ; il fit cela ensuite par politique.

Son opinion personnelle était qu'on ne pouvait point abattre la résistance bretonne par la terreur. Un semblable massacre avec ses hideuses conséquences devait soulever la province tout entière.

Yves Kemper de Lanascol, écuyer de la comtesse de Toulouse, fut chargé de conduire les travailleurs libérateurs.

L'harmonie toute celtique de ce vaillant nom de basse Bretagne indique elle-même la pensée du prince. Il voulait s'entourer et entourer sa femme de Bretons.

Lanascol avait vingt ans. Il avait, à quelques semaines de là, quitté pour la première fois le manoir paternel. En partant, il avait essuyé les larmes de sa bonne mère à force de baisers et promis qu'il gagnerait de l'honneur.

· Et tout le long de la route, qu'il faisait à cheval, depuis les montagnes noires jusqu'à ce bassin plat et brumeux où la ville de Rennes est assise, Yves partagea ses rêves entre sa mère bien-aimée et la jeune fille qui avait éveillé son cœur.

Voilà une occasion de gagner de l'honneur ! Yves de Lanascol, reconnaissant jusqu'à l'enthousiasme, baisa la main du prince et sauta en selle.

— Ma mère sera contente, se disait-il, et Margeride entendra parler de moi !...

Sa mère porta le deuil et Margeride, la blanche fille des Bahezre, prit le voile.

On raconte encore la mort du pauvre écuyer Yves Kemper de Lanascol, aux veillées du Finistère. La légende dit qu'il était beau ; ce qu'il fit prouve qu'il était brave.

Il était nuit encore quand il arriva avec sa troupe sous l'étang du Muys. On se mit tout de suite à l'ouvrage, et, dès qu'il y eut un passage ouvert, Lanascol entra le premier en criant :

— Quartier !

Il se heurta contre les corps morts de ceux qui s'étaient fait tuer derrière la grille.

On alluma des torches. Les grottes étaient désertes.

Lanascol traversa la grande galerie, toute jonchée des débris de l'orgie. Il parvint à la chambre du conseil, où était le cadavre de Yaumi, le joli sabotier.

La draperie d'argent relevée laissait voir la niche, et dans la niche l'ouverture par où les Loups avaient opéré leur retraite.

Cette ouverture rendait des bruits confus et profonds.

— Ils sont là ! se dirent les soldats et les pionniers.

Lanascol, malgré les prières des siens, montra

sa poitrine découverte à l'ouverture et cria de
nouveau que Son Altesse le gouverneur de Bretagne donnait quartier à tous les paysans révoltés.

On ne lui répondit point.

Il dit :

— Avançons !

Chacun savait bien que ces grottes étaient
pleines de précipices. La troupe hésitait. Lanascol saisit une torche, la brandit au-dessus de sa
tête et s'élança dans l'ouverture.

On entendit un cri : « Ma mère... »

Lanascol et sa torche avaient disparu dans
l'abîme qui s'ouvrait à dix pas de l'entrée.

Telle fut la nouvelle que les gardes de Toulouse rapportèrent en la ville de Rennes. Cela
se répandit avec la rapidité de la foudre dans les
hôtels nobles comme dans les loges du petit
peuple. — Les Loups avaient dû mourir tous
jusqu'au dernier dans ce précipice sans fond.

Il n'y avait plus de Loups !

Comme on le pense bien, ni M. l'intendant de
l'impôt, ni M. le sénéchal, ne s'étaient couchés
cette nuit-là. Ils furent des premiers à savoir la
nouvelle. Au petit jour, Alain Polduc était dans
le cabinet de son beau-père.

— Vainqueurs sur toute la ligne ! s'écria-t-il; tout a disparu, tout!... Nous ne l'avons pas volé, mon excellent ami ; mais, hier au soir, j'ai bien cru que nous étions noyés sans res- source !

— Et moi donc ! repartit Feydeau.

Si près de clore ce récit, nous ne pouvons consacrer une demi-douzaine de pages à la des- cription du négligé d'Achille-Musée. Nous le regrettons. Sa robe de chambre seule valait un long poëme.

— Ah ! beau-père, beau-père ! reprit Polduc avec effusion, quand j'ai vu M. de Rieux donner du pommeau de son épée au visage de ce lâche coquin de Yaumi ; quand j'ai vu madame Isaure tenir tête à tout le monde, et le seigneur Martin Blas prisonnier au milieu d'un cercle de patauds inconnus...

— Moi, j'ai fait mon acte de contrition, mon gendre, interrompit Feydeau.

— Moi, mon beau-père, j'ai eu bien envie de monter à cheval et de m'en aller tout d'un trait à Saint-Malo louer une barque pour passer en An- gleterre.

— Comment ! fit Achille-Musée avec un mou- vement d'épouvante rétroactive, ça a été jusque- là ?

— Mon beau-père, répondit Polduc, entre

l'abîme et nous, il y avait juste l'épaisseur d'un
cheveu !

— Mais maintenant, mon gendre ?

— Maintenant, je vous le répète, nous triom-
phons purement et simplement... J'ignore comment la chose s'est faite, mais il est certain que
tous ceux que nous avons laissés dans les grottes
sont morts à l'heure qu'il est... Or, comptez sur
vos dix doigts : Yaumi, qui en savait trop long
et qui nous gênait ; Martin Blas, qui nous faisait
peur ; Valentine, notre tête de Méduse, et très-
probablement son vieux père, s'il n'était pas déjà
défunt, très-certainement sa fille... Je ne parle
même pas de Josselin Guitan et de sa mère, qui a
si bien failli nous garder dans le pétrin...

— Alors, mon gendre, s'écria Achille-Musée
enchanté, nous n'avons plus qu'à fêter notre
victoire !

— Erreur, mon beau-père !... Ce petit homme
qui a sauvé hier la comtesse de Toulouse nous
reste sur les bras... L'hydre a encore une tête.
Ce matin, s'il vous plaît, nous allons nous mettre en quatre et dépenser un million, pour que
ce soir nous soyons les maîtres définitivement et
incommutablement !

— Un million ! répéta le financier.

— Peut-être deux... J'ai la liste des gens qu'il

nous faut acheter... Prenez une plume, du papier,
et travaillons, mon beau-père.

Il était onze heures du matin.

Le *gros*, comme on appelle encore la maîtresse
cloche de l'horloge de l'hôtel de ville, était déco-
ché. Il sonnait de minute en minute ce coup
unique et prolongé qui annonçait les délibérations
solennelles du parlement breton.

Or, la délibération d'aujourd'hui était solennelle
entre toutes. Les états de Bretagne rassemblés
en séance extraordinaire, sur l'ordre du prince
gouverneur lui-même, avaient évoqué les quatre
chambres du parlement.

Cela ne s'était vu qu'une fois, lors du vote
de résistance contre les subsides demandés par
M. de Mercœur dans la guerre contre le Béar-
nais.

Il s'agissait de juger le grand procès de
Rohan.

A Dieu ne plaise que nous prétendions rien
dire contre les magistrats du parlement rennais,
encore moins contre messieurs des états! Il est

certain, cependant, que M. le vicomte de Rohan-Polduc, sénéchal de Bretagne, avait trouvé à dépenser utilement les deux millions tournois de son beau-père.

Dans l'opinion de tous, le procès était jugé d'avance. Depuis quinze ans et plus, le litige était pendant. Alain Polduc avait droit : on ne pouvait plus longtemps lui refuser justice.

Aussi, quand mesdemoiselles Feydeau sortirent de l'hôtel dans le carrosse de leur père, toute une populace, qui avait eu sa petite part des deux millions, se mit-elle à suivre en criant :

— Dieu garde Rohan et les belles demoiselles !

La ville était encore fortement émue des événements de la nuit précédente. Les maisons restaient désertes. Rennes tout entier était descendu dans la rue.

Dans les rues qui avoisinaient le palais des états.

La place du palais elle-même semblait une mer agitée, tant la foule l'emplissait exactement.

Le palais des états, qui est maintenant le palais de la cour d'appel, à Rennes, est un quadrilatère, dont la face méridionale (la façade) est occupée par la salle des pas perdus. Les trois

autres côtés sont tenus par des salles d'audience
qui donnent sur trois galeries intérieures ; la
grande chambre actuelle, où se tenaient les séances
des états, prend la face orientale du monument.
La décoration en est magnifique. Le plafond est
de Coypel, les peintures murales appartiennent à
Jean Jouvenet.

Les tentures, en point de Flandre, avaient
coûté quinze cent mille livres à Honoré d'Albert,
duc de Chaulnes, avant-dernier gouverneur de
Bretagne.

Cette salle, d'aspect monumental, était digne
en tout de sa haute destination et de la fière province dont elle abritait les représentants.

Mais aujourd'hui elle était de beaucoup trop
petite, et les portes élargies des deux salles voi-
sines établissaient une communication rendue
nécessaire par la présence du parlement et de
tous les corps de l'État.

Un double trône, placé au centre de l'enceinte,
était réservé à Leurs Altesses. Le président des
états s'asseyait immédiatement au-dessous. — A
droite, trois siéges attendaient Rohan et ses filles
adoptives.

La séance s'ouvrit à onze heures. — Le président de Montméril fit le rapport.

A onze heures et demie, Leurs Altesses entrè-

rent par la porte du greffe, et l'intendant Feydeau
fit aussitôt porter un dais aux armes de Bourbon
et de Noailles au-dessus de leurs trônes.

On trouva froid et trop bref le sourire de re-
mercîment que le prince gouverneur lui adressa.

Leurs Altesses envoyèrent, au contraire, un
salut gracieux et tout bienveillant au vicomte de
Rieux, qui entrait en même temps qu'elles, portant son nouveau costume de brigadier des
armées du roi, et qui venait prendre son poste à
la grande porte.

Achille-Musée, qui jusqu'alors avait été radieux, eut un méchant pressentiment et se tourna
vers son gendre.

Celui-ci attendait non loin de M. de Rieux,
avec les demoiselles Feydeau.

Il fit signe à son beau-père. Puis, voyant que
celui-ci s'agitait sur son siége comme si le coussin en eût été rembourré d'épingles, il traça
quelques mots sur ses tablettes, et lui envoya
un pli fermé par un huissier.

Le billet trouvé sur Feydeau après la séance
contenait ces mots :

« Nous sommes gardés de toutes parts. Il y a
» deux mille hommes à nous au dedans et au
» dehors du palais. »

Par le fait, Alain Polduc avait acheté ce matin toute une armée. Mais, de tous les trafiquants, les plus effrontés voleurs sont ceux qui font marchandise d'eux-mêmes.

Nous avons besoin de dire, avant de raconter la scène étrange qui se passa ce matin au palais des états de Bretagne, comment était constituée la foule compacte, massée à l'intérieur de l'édifice, dans les vestibules, sur les perrons et sur la grand'place.

La foule joua son rôle important dans ce dernier acte de notre drame.

Au dehors, sur la place du palais, il s'était fait une sorte de travail d'épuration parmi la cohue. Tout le long de la petite rue Saint-Benoît, située sous les fenêtres de la grand'chambre, le long du couvent des capucins et aux alentours de la place, c'étaient des paysans du domaine de Rohan-Polduc et des tenanciers de Feydeau. Ils avaient systématiquement repoussé les femmes et aussi le peuple des basses rues de Rennes.

Évidemment, on les avait apostés là à dessein.

Au centre de la place et sur les degrés, c'étaient aussi des paysans, mais des paysans de la forêt, à l'air farouche, à la tenue sauvage. Leurs figures basanées se cachaient sous de grands chapeaux de paille ou de feutre, d'où s'échappaient leurs chevelures ébouriffées.

Ils étaient là en troupe serrée. Leurs mouvements se faisaient tout d'une pièce.

Ils avaient refoulé les tenanciers de Polduc au second plan, sans mot dire et par le seul poids de leur masse.

On en voyait jusque sur le perron, côtoyant les derniers rangs des gentilshommes.

Les gentilshommes encombraient les vestibules, escaliers et galeries jusqu'à l'entrée même de la salle des états.

Comme midi sonnait à l'horloge de l'hôtel de ville, on vit arriver par la rue Saint-Georges un singulier cortége qui avait grand' peine à obtenir passage.

C'était une paysanne dont les traits disparaissaient presque complétement sous son capuchon de bure amplement rabattu; elle tenait une jeune fille par la main; — c'était ensuite un vieillard enveloppé dans une grande houppelande, qui était soutenu par un gars de la forêt d'un côté, par un gentilhomme tout jeune et brillamment costumé de l'autre; — enfin, une femme d'âge, pipe en bouche et rosaire à la main.

—Holà ! nos bonnes gens, dirent les premiers paysans à l'embouchure de la rue Saint-Georges, vous ne passerez point, quand vous seriez la reine et le roi !

— Place ! fit le jeune gentilhomme.

Le vieillard n'ouvrit point la bouche.

La paysanne saisit le bras de celui qui avait parlé.

— As-tu vu l'incendie du moulin de la Fosse-aux-Loups, François Lequien ? murmura-t-elle; j'ai passé au travers de ces flammes... Gare à ceux qui me feront obstacle aujourd'hui... dis-leur que je suis la Meunière !

François Lequien arracha son bras comme s'il eût été dans le feu.

Il se pencha vers ses voisins.

Ce mot courut de bouche en bouche : « La Meunière ! »

Et dans cette masse où vous n'auriez pas pu fourrer le bras, une large trouée se fit comme par enchantement.

A ce moment, dans la grand'chambre, le premier président de la Chalotais prenait la parole pour résumer les prétentions de Polduc et les instances des demoiselles Feydeau.

La paysanne, le vieillard, le jeune gentilhomme, le gars et la bonne femme, s'engagèrent dans la voie qui leur était ouverte.

Chacun se reculait d'eux avec terreur.

On se signait à la vue du vieillard, ce mort qui marchait ! — Quelle diablerie allait faire la Meunière ?

Quand les rangs des vassaux de Polduc et Feydeau furent percés, le cortége vint se heurter contre un nouveau mur humain : ces hommes à feutres rabattus et à grandes chevelures.

— Place ! place !... dit encore le jeune gentilhomme.

Les hommes de la forêt le mesurèrent d'un œil insolent et se mirent à rire. Aucun d'eux ne bougea.

— Julot ! dit la paysanne à demi-voix.

Tous ceux qui l'entendirent dressèrent l'oreille.

— Josille ! continua la paysanne, Francin ! Benoît !

Quatre bons gars s'avancèrent tête nue.

— Prenez-moi ce vieil homme sur vos épaules, ordonna la paysanne, et allez en avant jusqu'à ce que je vous dise : « C'est ici. »

Un nom, cependant, avait encore couru de bouche en bouche : ce n'était plus celui de la Meunière.

Les Loups disaient :

— La Louve !

Car tous ceux qui étaient là, c'étaient les

Loups de la forêt de Rennes, sauvés cette nuit par Valentine de Rohan.

Un pont de planche jeté sur ce précipice où le pauvre Yves Kemper de Lanascol avait trouvé la mort, leur avait livré passage.

Le dernier fugitif avait, d'un coup de pied, poussé le pont au fond de l'abîme.

Ce nom de la *Louve* fit osciller toutes ces sombres têtes d'un bout à l'autre de la place.

On vit bientôt s'élever au-dessus du niveau la pâle figure du vieillard, dont les cheveux blancs flottèrent au vent.

Les quatre porteurs trouvèrent partout la route ouverte au devant d'eux.

En arrivant au pied du perron, il fallut lutter encore. C'étaient maintenant les gentilshommes qui barraient la route. La paysanne dégrafa son mantelet à capuce, qui découvrit un noble et beau visage.

— Messieurs, dit-elle en rejetant en arrière les riches boucles de ses cheveux, tandis que son humble déguisement tombait à ses pieds, ne voulez-vous point livrer passage à la comtesse Isaure ?

— Par la morbleu ! répondit le cadet de Laval, s'ils ne le voulaient pas, belle dame, il faudrait donc jouer de l'épée ; car, moi, je le veux !

Mais tous le voulaient. — Qui donc parmi la jeune noblesse de Rennes eût fait mine de résister à la belle des belles?

Les quatre Loups qui portaient le vieillard passèrent. — On ne faisait nulle question, quoique chacun pût bien deviner qu'un événement étrange allait avoir lieu.

Après le vieillard, madame Isaure venait, tenant toujours par la main cette charmante jeune fille que messieurs de la noblesse reconnaissaient pour l'élue de cette nuit.

Tous ils l'avaient vue apporter les clefs de la ville sur un plat d'or.

Derrière Isaure et sa compagne, Josselin et dame Guitan.

Ces deux derniers, après qu'on eut traversé le vestibule, monté les escaliers et franchi les galeries, s'arrêtèrent au seuil de la grand'chambre, en dehors.

Le vieillard, les deux femmes et le jeune gentilhomme entrèrent sous la carrée en tapisserie flamande qui décorait la porte principale. M. de Rieux, qui était là, dit tout bas à madame Isaure :

— Pas encore.

En même temps, il détacha le lien qui retenait le lourd rideau. Notre cortége devint subitement

invisible pour les gens qui étaient dans la salle.
Le président de la Chalotais achevait à cet instant
son résumé et concluait en faveur de M. le sénéchal et de ses filles d'adoption.

De nombreuses marques de faveur accueilli-
rent sa péroraison : il y eut là pour douze ou
quinze cent mille livres tournois d'enthousiasme.

Mais, au moment où M. le sénéchal et ses deux
filles s'ébranlaient sur un signe du maître des
cérémonies, l'intendant Feydeau arrêta son gendre. Il venait de recevoir un billet passé de main
en main, et de larges gouttes de sueur rayaient
son fard.

— Nous sommes perdus ! balbutia-t-il.

Polduc haussa les épaules et passa outre.

Alors, sous la carrée qui fermait la porte
principale, M. de Rieux dit :

— Il est temps !

Et il se mit en marche, précédant lui-même le
cortége.

Quand la tête morne et toujours belle du vieux
Rohan parut au-dessus des autres têtes, une
longue rumeur se fit dans la salle des états.

M. de Toulouse se leva de son trône.

La perruque du pauvre intendant s'affaissa au
contraire. On ne le vit plus. Il s'était évanoui
comme une vieille femme qu'il était.

Polduc, cependant, fendait la foule d'un air content et fier. Ces rumeurs, il les prenait pour lui. Ce nom de Rohan, il se l'appliquait tout naturellement et rendait grâces, à part lui, au coffre-fort de son beau-père.

Il ne s'aperçut de ce qui se passait derrière lui qu'en arrivant aux degrés de l'estrade. Mademoiselle Olympe et mademoiselle Agnès avaient déjà monté les marches.

Polduc se retourna parce que M. de Rieux lui toucha l'épaule. — A la vue de Rohan porté ainsi comme en triomphe, les yeux du sénéchal s'injectèrent et sa face livide se décomposa.

C'était un homme foudroyé sur place.

Madame Isaure, passant devant lui, écarta de la main les deux demoiselles Feydeau, qui choisissaient leurs siéges, et, comme celles-ci lui demandaient fièrement de quel droit, elle répondit :

— Ces siéges sont à Rohan ; ce n'est point ici votre place, mes belles !

Puis elle ajouta en s'asseyant après sa fille :

— Nous sommes les Rohan !

Raoul était debout derrière son siége.

Les quatre porteurs avaient déposé le vieillard sur le troisième fauteuil, plus élevé que les autres.

La rumeur avait cessé. L'émotion de tous se traduisait en un profond silence.

On vit alors quelque chose d'inouï dans les fastes parlementaires.

Leurs Altesses le prince gouverneur et sa femme traversèrent l'estrade dans toute sa largeur et vinrent au-devant de celle que madame de Toulouse avait insultée, la veille, en plein bal, sous le nom de la comtesse Isaure.

Madame de Toulouse lui présenta la main et la baisa au front.

— Monseigneur, dit Valentine, voici le comte Guy, qui est proscrit par sentence royale. J'ai besoin qu'il parle. Étendez sur lui votre protection afin qu'il soit entendu.

— Rohan est ici parmi ses pairs, répondit le comte de Toulouse ; j'apporte de Paris l'ordre du roi qui lui rend ses titres et ses biens...

Puis, se tournant vers le vieillard :

— Parlez, comte, vous êtes libre !

Un peu de sang monta aux joues terreuses du vieux Breton.

— C'est peut-être la volonté de Dieu, murmura-t-il, — que la Bretagne soit française... Bourbon ! reprit-il d'une voix qui n'était déjà plus de ce monde, — tu es un noble prince... Je veux bien porter témoignage devant toi... Voici

le fils de César, mon premier-né... Voici la fille
de ma Valentine... tous deux issus de légitimes
unions... tous deux Rohan, je le jure!

Il se tut. Le comte de Toulouse fit un pas vers
lui la main tendue.

Mais Rohan avait fait son devoir.

Son dernier mot avait été son dernier soupir.
Sa mort le sauvait de cette alternative : donner
sa main bretonne à un Français, refuser sa main
loyale au plus loyal des chevaliers!

Il n'était plus.

Rieux dit :

— Il est mort, du moins, en sa place.

CONCLUSION.

En cette séance du parlement de Rennes, César de Rohan et Marie sa cousine furent solennellement reconnus.

Ce fut madame de Toulouse qui réunit leurs mains pour les fiançailles.

Quand on sortit du palais des états, le prince gouverneur fit signe du haut du perron qu'il voulait parler. Valentine était auprès de lui. Les Loups applaudirent d'un bout à l'autre de la grand'place.

— Bonnes gens, dit le prince, la guerre est finie entre vous et nous... Le roi (et il appuya sur

ce mot *le roi* comme s'il eût voulu écarter la personne du régent, odieuse à la Bretagne), le roi
vous aime, et c'est pour cela qu'il m'a envoyé
vers vous... Je vous apporte l'oubli du passé avec
la promesse de jours meilleurs, et pour preuve,
bonnes gens, voici le fils de vos anciens seigneurs que le roi vous rend... Il était comte, le
roi le fait duc... Et, pour effacer jusqu'au souvenir du traître qui souilla un instant la demeure
de vos nobles maîtres, le nom de Polduc ne sera
plus prononcé jamais...

Il prit Raoul par la main.

— Celui-ci, ajouta-t-il au milieu des acclamations commencées, celui-ci est le duc de Rohan-
Rohan !

.   .   .   .

On dit qu'après ce grand triomphe madame
Valentine, rentrée en son hôtel, trouva au seuil
de son oratoire Morvan de Saint-Mangon age-
nouillé.

Feydeau et ses deux filles étaient partis pour
Paris à la suite de la séance.

Alain Polduc avait disparu.

Voici ce qui se raconta tout bas dans les loges
de la forêt de Rennes.

Josselin Guitan lui avait dit un jour sous son
serment :

— Tu mourras de ma main.

On retrouva le corps de Polduc dans le cimetière de Noyal entre les tombes de César et de Jeanne de Combourg, sa femme. — Le bourreau était couché entre ses deux victimes.

En terminant, nous constaterons que le voyageur Julot raconta les merveilles de Paris jusqu'au dernier jour de sa vie et que dame Michou reprit avec honneur son poste de femme de charge du manoir.

Les mémoires du temps n'ont qu'une lacune, une seule. Malgré nos recherches sérieuses, nous n'avons jamais pu découvrir si le romanesque Magloire fut enfin l'époux de Sidonie.

FIN.

TABLE DES CHAPITRES

DU QUATRIÈME VOLUME.

TROISIÈME PARTIE.

(Suite.)

QUATRIÈME PARTIE.

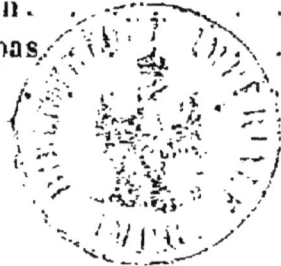

FIN DE LA TABLE.

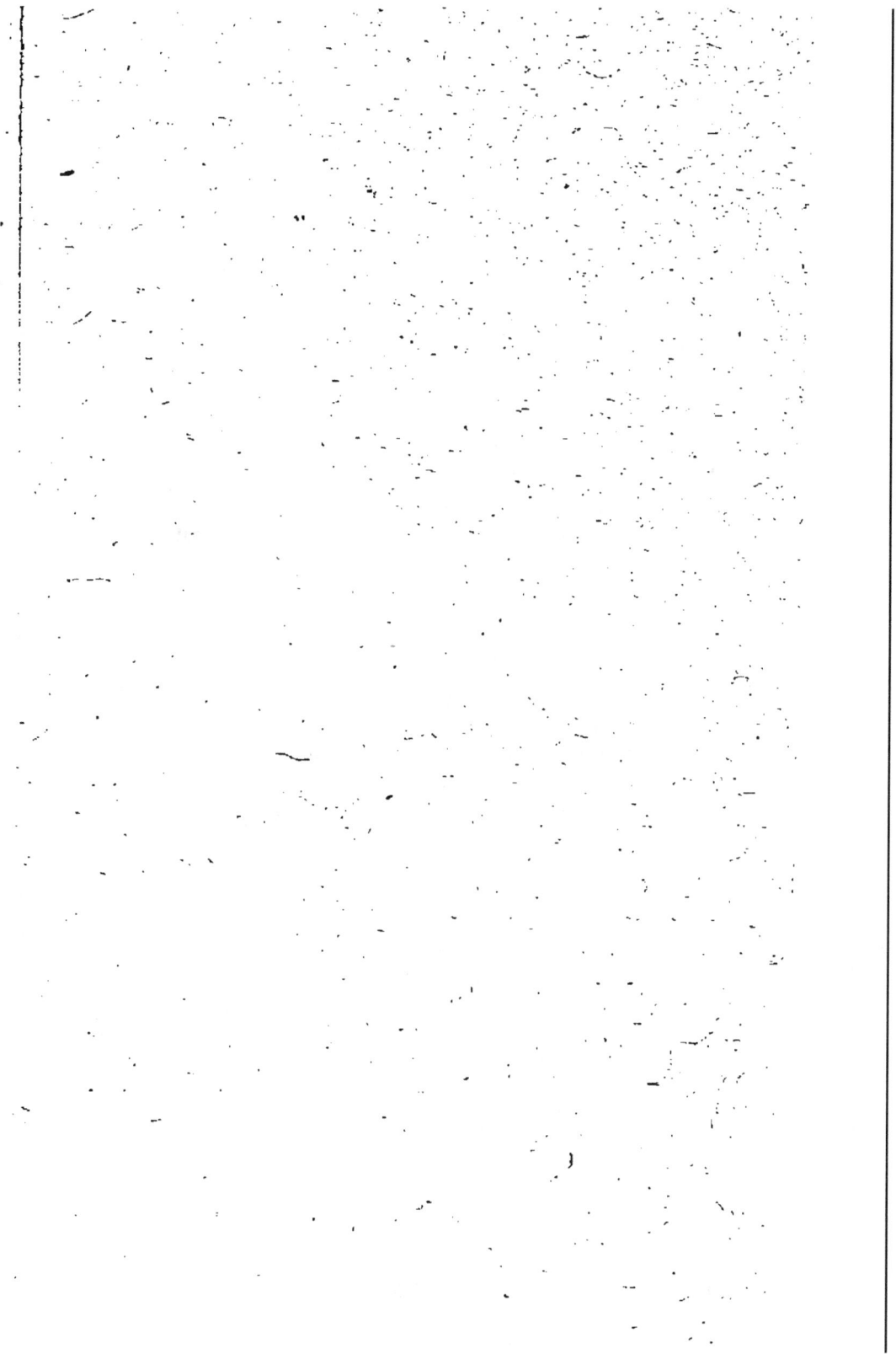

AVIS IMPORTANT.

Beaucoup des ouvrages publiés dans la *Collection Hetzel* sont plus complets que les mêmes ouvrages publiés en France. Ils sont imprimés sur les manuscrits originaux en Belgique, et n'ont point à subir les retranchements qu'exige souvent la législation française.

OUVRAGES PARUS OU A PARAITRE :

BRUXELLES. — TYP. DE J. VANBUGGENHOUDT, RUE DE SCHAERBEEK, 12.

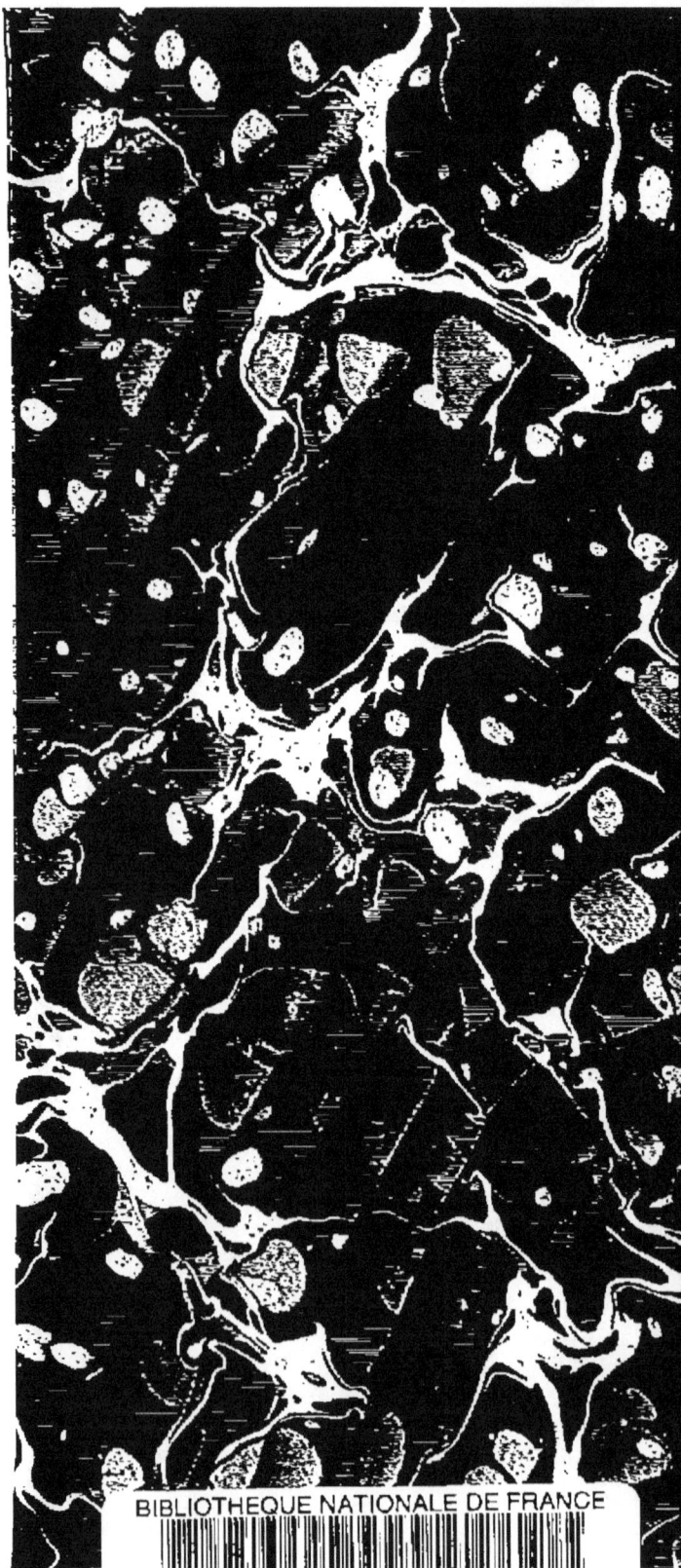